万里长江第一阁

瀛洲阁志

苏东来　黄川模 ● 著

四川省社会科学院历史研究所
宜宾市南溪区巴蜀家风研究中心　● 编

西南财经大学出版社
中国·成都

图书在版编目(CIP)数据

瀛洲阁志/苏东来,黄川模著. —成都:西南财经大学出版社,2018.7
ISBN 978-7-5504-3536-0

Ⅰ.①瀛…　Ⅱ.①苏…②黄…　Ⅲ.①岛—概况—南溪区
Ⅳ.①K928.42

中国版本图书馆 CIP 数据核字(2018)第 136633 号

瀛洲阁志
YINGZHOUGE ZHI
苏东来　黄川模　著
四川省社会科学院历史研究所
宜宾市南溪区巴蜀家风研究中心　编

责任编辑:廖韧
封面设计:张姗姗
封面摄影:杨小春
责任印制:朱曼丽

出版发行	西南财经大学出版社(四川省成都市光华村街55号)
网　　址	http://www.bookcj.com
电子邮件	bookcj@foxmail.com
邮政编码	610074
电　　话	028-87353785　87352368
照　　排	四川胜翔数码印务设计有限公司
印　　刷	四川新财印务有限公司
成品尺寸	170mm×240mm
印　　张	11.25
彩　　插	8页
字　　数	205千字
版　　次	2018年7月第1版
印　　次	2018年7月第1次印刷
书　　号	ISBN 978-7-5504-3536-0
定　　价	80.00元

1. 版权所有,翻印必究。
2. 如有印刷、装订等差错,可向本社营销部调换。

八 南溪

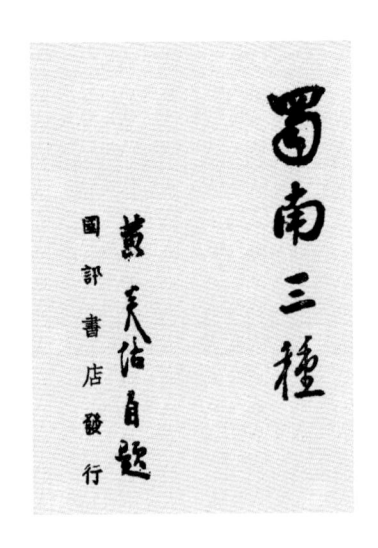

瀛洲仙閣今何在？一片荒涼沙渚！
沙沉庭，微夜釣光騰吐。
富鹽而奇愛寶，未應福地嗷鴻苦。
貨棄地，良堪惡！

一辭拋卻私囊，普天下莫非國土。
況艱難天步，民生國計誰來顧？
南溪一夕，聽父老，哀腸訴！

蜀南三種

黄炎培自題

國訊書店發行

黄炎培《蜀南三种》及其咏南溪瀛洲阁诗篇的书影

现存最早标注瀛洲阁的南溪县舆地全图（部分，《南溪县志》嘉庆版）

瀛洲阁志

于忠肃公庙图（《南溪县志》道光版）　　瀛洲阁图1（《南溪县志》道光版）

瀛洲阁图2（《南溪县志》道光版）

郭城咏瀛洲阁诗句书法（张和国书）　　　　　　国画《瀛洲阁诗意》（陈艺华画）

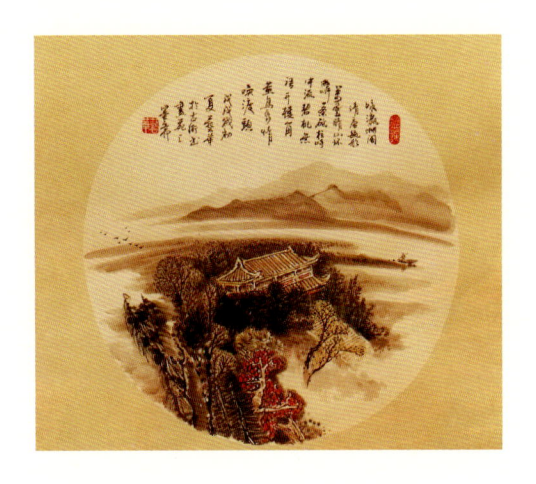

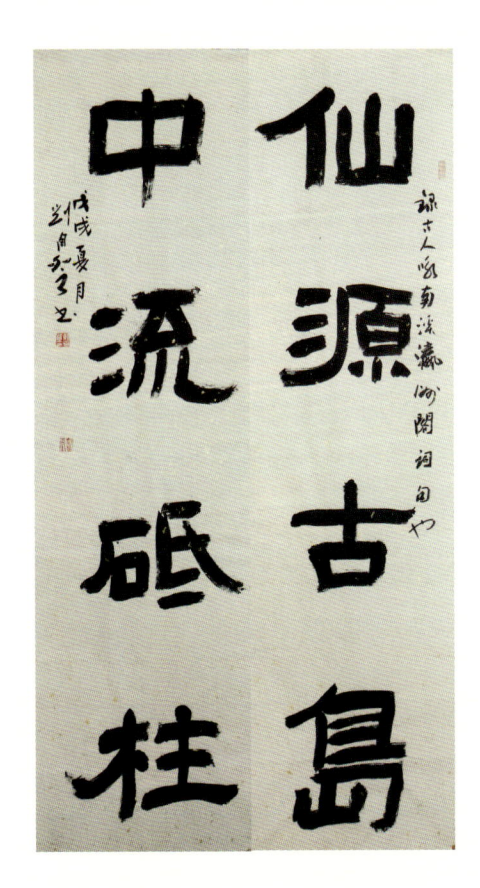

瀛洲阁词句书法（刘自登书）

航拍瀛洲阁之一（郑友军摄）

航拍瀛洲阁之二（郑友军摄）

航拍瀛洲阁之三（郑友军摄）

瀛洲阁志

南溪增修瀛洲阁记（清光绪十年包潄臣撰并书）

瀛洲阁志

2010年7月央视《乡土》栏目摄制组在瀛洲岛渔船上采访（古仁田摄） 　　瀛洲岛居民参与的2014中国万里长江第一滩南溪龙舟公开赛（曾朗摄）

2017"丽雅杯"中国汽车场地越野锦标赛　　　　2018"五粮液杯"中国汽车场地越野锦标赛
（四川南溪站）在瀛洲阁赛场举行　　　　　　　（四川南溪站）在瀛洲阁赛场举行

瀛洲阁远眺（杨小春摄）

序　言

　　去年秋，我们一行人赴宜宾市南溪区考察。在党的十九大号召指引下，那里正掀起实施乡村振兴战略、建设新农村的热潮。他们以打造月亮湾景区为样板，全面推进乡村建设，改造旧农村，建新居，树新风，搞现代化农业，以期2020年全面实现小康。一望江边新城，楼宇幢幢，欣欣向荣。漫游乡村低湾高峁，处处新农舍，条条柏油路，风光惹人，让人不忍离去。

　　笔者亲近南溪，是从地方志开始的。由于研究清初"湖广填四川"大移民问题需搜集史料，因而阅读了《南溪县志》。康熙二十五年（1686年）南溪知县王大骐所撰的《南溪县志·序》中提到，清朝平定四川时，南溪县已十分残破，"赤子尽化青燐，城廓鞠为茂草，孑遗远窜蛮方。邑荒废者十数年，徒为狐兔之场，虎狼之窟。而是自国朝开辟后，士民始返故土，芟荆榛，刈灌莽，量为垦耕……多方招徕，邑人安之……奉檄修志，顾文献无稽，仅从耆旧传闻并搜残碑断碣，参诸总志所载，而辑纂之"。

　　十三年前，笔者第一次到南溪县城，信步于古街，伫立于文明门石阶上，回忆历史文献记载，放眼长长的古城墙。三百年来的岁月沧桑，不正如面前的浩浩长江水，不舍昼夜地东逝吗？长江日夜流，江边的南溪则永涵生机。

　　第二次来到南溪，看到十余年来的新变化，笔者惊叹不已。与官民的交谈令人感奋。他们都满怀激情，充满对前进路上追梦圆梦的自信。言及文化建设，他们对发掘乡土文化、家风文化，从而丰富当今文化生活，充实旅游景区的文化看点，孜孜努力，自信满满。

南溪有几处景点值得一游，尤其是南溪八景之一的瀛洲岛。但由于活动安排紧凑，无时间光顾，只在返回的途中绕道此处，遥遥观望。

瀛洲岛位于南溪城区以东的长江之中。瀛洲岛的南面是长江正流，岛属裴石镇麻柳村一组。改革开放以来，因岛上耕地少、人口多，所以有的居民迁出，有的人外出打工，现在仍居住岛上的有26户，70余人。岛上矗立着始建于明代、重修于当代的瀛洲阁，至今常有专家学者、文人墨客和中外游人上岛登楼，眺望长江之头的水光山色，吟诵古人过境诗篇，凭吊历史风云……

笔者一直为未登上瀛洲岛而感到遗憾。前些日子苏东来先生送来他与南溪地方文史学者黄川模先生共同撰写的《瀛洲阁志》书稿，弥补了笔者的遗憾。笔者怀着喜悦的心情，数日来仔细阅读了近二百页的书稿。

《瀛洲阁志》属于方志。这是较古老的一种文献书籍著述形式。

所谓志，《周礼·保章氏》郑注："志，古文'识'，识，记也。"《周礼·外史》注："志，记也。"由此可知，方志应记述地方上的事，也可记述人们对于某地方的认识。这种记述，体例虽然有多种，但内容客观，不掺杂记述者（作者）的情绪，应是方志的基本特点。

地方志，主要记述国以下的地域，如省、路、府、州、县，甚至镇、乡、堡、村，以及山岳、江水、楼阁、亭台，只要文化丰富且有意义，均可为志。晋代常璩的《华阳国志》，实为四川省志，主要记述当今四川和重庆地域内的晋代时的自然山川、人文历史、风俗物产。从古至今，县级以上的地方志编写主要由官方主导，其下的镇村堡志、山水楼阁志的编写，多为文人私家行为。清代是编写地方志的高峰时期，现存的地方志大部分为清代所编。美国图书馆所藏中国地方志，仅四川的地方志就有252种，可见古代人民多么注重地方历史文化的整理和记载。

国家重视方志，人们重视方志，是因为它具有重要的社会功能和学术价值。对这一点，论述者甚多，他们的论述可归纳为：①"资治、存史、教化"；②"正人心、敦风尚、明正道、垂治规、究兴衰、陈利弊、补时政、求民生"；③今人看重的是"科学资源、文化积淀、乡土品牌、旅游资源"。前两年，中央电视台制作的《远方的家》栏目，内容便相当于地方志。当下出版的全国名镇志和各地的古镇古村志，都着眼于当前的经济建设，着眼于发扬传统文化和发展旅游业。

从上述方志的撰写与其社会功能两点来审视《瀛洲阁志》，可发现本书有几大优点。①在当前大学习、大讨论、大调研的热潮中，四川省社科院的专家学者深入南溪当地乡镇，与当地学者亲密合作，相互学习，一同走村串户，辛苦调研，广搜南溪区的地方文化资料。尤其是对于瀛洲岛的古今历史文化资料，他们深入搜集，系统梳理。这样全面的文化资料梳理在当地还是第一次，推动了当地文史工作向前发展。②本书资料全面翔实，朴素可信。地方志可作为国史、府州志、县志的补充，是修省志的基础。本书所涵盖的家谱和几家清初入川移民的资料，弥足珍贵；而长江水文、江边淘金等方面的资料，不仅丰富了南溪地方志的内容，对清初"湖广填四川"这一大课题的研究也是一个有力的支撑。③作者在调研中所挖掘出并列入书中的诸多历史文化资源，为当前南溪的新农村建设，尤其是为推动旅游业发展、打造瀛洲岛为著名景区的工作，提供了支持。

本书的编纂，因时间等所限，难免存有不足之处。如，不属于志书体例的阐发文字多了些；又如，与瀛洲岛不直接相关的历史事件、诗文、自然环境的记述多了些。在当前，本书主要为大众读物，供地方领导和旅游者阅读，故主题统领资料，明白易晓，方能收到预期的良好效果。

在地方志中，"微观地方志"不多。四川旧有《峨眉山志》《望江楼志》《三江乡志》等，今能增添《瀛洲阁志》，实为幸事。祝愿本书大方面世，成为南溪一亮点，使青睐本书的读者都能开卷有益，获得乐趣。

李映发
2018年端午于川大花园

凡 例

（1）本志采用地方志体例，但不同于就某一区域书写的横不缺项、纵不断线的一般综合性志书，本志是按照传统志书"横排竖写"的写作规范，写成的一部以南溪区裴石镇瀛洲阁为对象的景观专题志书。

（2）本志突破以往传统志书的常规格式，在卷末设大事记，将瀛洲岛置于中华瀛洲文化与长江江心岛视野中，重点突出瀛洲岛地理、人文、习俗、经济、防汛工作、楼阁兴废、地缘文化、生态、旅游、历代文人诗词及民谚俗语，并以附录的形式将与瀛洲岛、瀛洲阁相关的史料予以呈现。

（3）本志语言风格继承志书述而不议、秉笔直书的传统，强调文字的严谨朴实、通俗流畅，可读性强，旨在再现瀛洲阁历史风貌，记住一方乡愁乡音。

（4）本志纪年，采取传统志书纪年要求，清末前用朝代年号纪年，民国用民国纪年，均括注公元年份。中华人民共和国成立后用公元纪年。

（5）为从更大视野和范围体现瀛洲阁之于南溪区的重要地位，本书所涉年代上限依具体情况进行相应追溯，下限至2017年年底，个别内容延至2018年5月交付出版前。

（6）本志为景观志，对区域内涉及的人物，未单设人物篇，只是以列表的方式将区域内的相关人物在附录中予以呈现。

（7）本志所采用的资料及数据来源于各级档案馆、统计部门及现存的县志、族谱、碑刻、报刊、专著、文集及实地采访的口碑资料，为行文简洁，仅以书末参考文献形式予以说明，恕不一一注明引文出处。

目 录 contents

第一章　导言：仙源古岛 …………………………………… 001

　　第一节　鬼斧神工瀛洲岛 …………………………………… 002

　　第二节　文墨重彩瀛洲阁 …………………………………… 005

　　第三节　守望乡梓镇波澜 …………………………………… 007

　　第四节　传奇家族谱新篇 …………………………………… 009

第二章　瀛洲大视野 …………………………………………… 011

　　第一节　瀛洲神话 …………………………………………… 012

　　第二节　"十八学士登瀛洲" ……………………………… 013

　　第三节　瀛洲古诗辑选 ……………………………………… 015

　　第四节　瀛洲名称举隅 ……………………………………… 017

　　第五节　长江江心岛举隅 …………………………………… 018

第三章　历史地理 ……………………………………………… 020

　　第一节　建置沿革 …………………………………………… 021

　　第二节　自然地理 …………………………………………… 023

　　　一、空间区位 ………………………………………………… 023

　　　二、地质地貌 ………………………………………………… 024

　　　三、水土气候 ………………………………………………… 025

　　　四、码头交通 ………………………………………………… 027

001

第三节　川江咽喉	030
一、川江航道南溪段	030
二、铜鼓滩行船事故	032
第四节　楼阁兴废	032
一、明清及民国时期共五次兴废	032
二、新时期第六次兴废	035

第四章　经济民生 ······ 037

第一节　特色经济	038
一、沙金	038
二、瓜果	043
三、烟草	046
四、渔业	048
五、其他	049
第二节　姓氏人口	050
一、人口数量	050
二、人口流动	051
三、人口构成	053
四、寿星简介	054
第三节　瀛洲家族	055
一、余氏家族	055
二、邱氏家族	060
三、家族文化	061
第四节　村落风情	062
一、村落变迁	062
二、民生发展	064
三、婚丧嫁娶	066

  四、衣食住行 ……………………………………… 067

  五、"非遗"流韵 …………………………………… 068

 第五节 江岛防汛 ……………………………………… 070

  一、水情预报 ……………………………………… 070

  二、水灾纪录 ……………………………………… 070

  三、乘船逃生 ……………………………………… 072

  四、高台救生 ……………………………………… 073

第五章 文化旅游 ……………………………………………… 075

 第一节 地缘文化 ……………………………………… 076

  一、于公庙 ………………………………………… 076

  二、铜鼓滩 ………………………………………… 077

  三、观音石龛 ……………………………………… 077

  四、鲁班石 ………………………………………… 078

  五、映南塔 ………………………………………… 078

  六、望瀛门 ………………………………………… 079

  七、龙腾山 ………………………………………… 080

  八、九龙滩 ………………………………………… 080

  九、麒麟荡 ………………………………………… 081

  十、大中坝 ………………………………………… 081

  十一、木头灏 ……………………………………… 081

 第二节 名人芳踪 ……………………………………… 082

  一、李 白 ………………………………………… 082

  二、杜 甫 ………………………………………… 083

  三、苏 轼 ………………………………………… 083

  四、黄庭坚 ………………………………………… 084

  五、陆 游 ………………………………………… 085

六、范成大 …… 085
　　七、程公许 …… 086
　　八、杨　慎 …… 086
　　九、王士祯 …… 087
　　十、张问陶 …… 087
　　十一、刘光第 …… 088
　　十二、赵　熙 …… 088
　　十三、俞陛云 …… 089
　　十四、黄炎培 …… 090
第三节　旅游概览 …… 091
　　一、南溪区景区概览 …… 091
　　二、裴石镇旅游概况 …… 092
　　三、瀛洲岛旅游盛况 …… 093
第四节　生态环保 …… 094
　　一、前人意识 …… 094
　　二、河道管理 …… 095
　　三、渔政作业 …… 096
　　四、河长制 …… 097
第五节　央视报道 …… 099
第六节　汽车赛事 …… 100
　　一、2016 年 …… 100
　　二、2017 年 …… 101
　　三、2018 年 …… 101

第六章　艺文荟萃 …… 103

第一节　明清及民国时期诗文辑录 …… 104
　　一、诗歌 …… 104

二、古文 ··· 114
　第二节　当代诗文赋联辑录 ··· 118
　　　一、旧体诗词 ··· 118
　　　二、赋与对联 ··· 122
　　　三、散文随笔 ··· 124
　　　四、新　　诗 ··· 130
　第三节　轶闻传说 ··· 132
　第四节　民谣俗语 ··· 138
　　　一、民谣 ··· 138
　　　二、俗语 ··· 141

大事记 ··· 143

附录 ··· 150

　裴石麻柳村一社（瀛洲岛）历届社队班子简表 ····················· 150
　从麻柳村一社（瀛洲岛）走出的人物简表 ····························· 151
　瀛洲阁防洪救生高台工程回忆 ··· 152
　瀛洲阁文化简况 ··· 153
　南溪采金的部分情况 ··· 154
　南溪三次淘金概况 ··· 155
　我所知道的土法淘金 ··· 156
　南溪县淘金概况 ··· 157
　中国十大历史文化名楼 ··· 161

参考文献 ··· 167

后记 ··· 169

第一章
DAOYAN XIANYUAN GUDAO

导言：仙源古岛

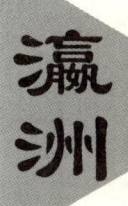

瀛洲

瀛洲岛，居仙源古城之东隅，扼长江水道之中枢；左铜鼓，惊涛骇浪；右麒麟，一汪碧水。造化钟神秀，托出瀛洲仙台；文人雅集地，成就八景名胜。中流砥柱，护一方平安；镇澜夜月，书一景传奇。昔隶留宾里，今属裴石镇，麻柳迎春风，瀛洲绽新颜。

瀛洲岛成于何时，难以稽考，它既被称为江心岛，必为长江水冲刷沉积而成，是长江母亲诞育的一颗明珠。明代居民修阁于岛上，一则文人雅集尽览美景，二则锁钥江心、镇水护船。明末清初，巴蜀凋残，瀛洲仙岛，顿成蛮荒，水草蔓延，阁楼倾圮。清代肇建，移民填川，瀛洲岛再获新生。余氏家族自江西省迁川，邱姓人家由骑马村登岛，文人雅士，齐聚仙岛，一方胜景再焕新机。四百年来，江水多次肆虐，仙阁几度毁坏，清朝、民国及当代，士农工商兵各界，全力以赴，屡次兴建，仙阁重竣日，生机勃发时。

在传统文化复兴的时代背景下，裴石镇着力打造巴蜀家风传承基地，旨在走出一条文化兴镇、以文促旅的新路径。瀛洲岛是南溪区八景之一——"镇澜夜月"所在地，位于省级传统文化村落麻柳村境内。为了在新时代从历史发展高度更好地挖掘瀛洲岛的文化底蕴，为全面系统研究、宣传、保护、开发瀛洲岛做好学术准备，裴石镇人民政府启动了《瀛洲阁志》编写工作。斯文在兹，恰逢其时，从历史走来的仙源古岛，必将在新时代重展风采。

第一节　鬼斧神工瀛洲岛

瀛洲岛是大自然鬼斧神工之作，是中华瀛洲仙道文化与巴蜀仙源文化共同结出的硕果。在中国传统文化中，道教作为中国土生土长的宗教，在中国文化中有着重要地位，被誉为是中国传统文化的"三大支柱"，鲁迅先生曾说"中国根柢全在道教"。

道教源于中国古代本土产生的方术，是一个崇拜诸多神明的多神教原生的宗教形式，主要宗旨是追求长生不死、得道成仙、济世救人。东汉年间，张道陵在四川鹤鸣山尊老子为教主创立了天师道，道教团体正式形成。

在道教形成前，尤其是中国先秦时期，方术盛行，世人追求长生不死、得道成仙，因而虚构出众多仙山、仙阁，这些地方在传说中是众多神仙居住之地，也为世人求仙得道所向往。

神仙多居于缥缈仙境，远离俗世，俗人自难以到达这些仙境。古代最为著名的神仙居地，即为渤海五山。战国《列子·汤问》载："渤海之东，不知几亿万里……其中有五山焉，一曰岱舆，二曰员峤，三曰方壶，四曰瀛洲，五曰蓬莱……所居之人，皆仙圣之种。"《史记·封禅书》亦载："自威、宣、燕昭使人入海求蓬莱、方丈、瀛洲，此三神山者，诸仙人及不死之药皆有在焉。"这掀开了世间向瀛洲等三山求仙问药之先河。此后，秦始皇多次派出众多人马到渤海中寻找瀛洲仙山，汉武帝也于元光二年（公元前133年）东巡蓬莱、瀛洲、方丈诸山。

在民间，随着八仙过海故事的普及，瀛洲神仙文化被进一步发扬光大。从唐代的《八仙图》《八仙传》，到明代吴元泰的《东游记》，都描述了八仙过海的故事。八仙过海时路经蓬莱、瀛洲等仙山，其故事因为蓬莱、瀛洲而产生，蓬莱、瀛洲也因为八仙过海而扬名海内外，瀛洲遂成为神仙文化的代名词。由于瀛洲仙山难以寻觅，明代朱元璋将崇明岛赐名为"东海瀛洲"，由此开启了全国部分岛屿以瀛洲命名的先河。

南溪瀛洲岛被冠名"瀛洲"，也是瀛洲文化地方化的结果。晚清包弼臣在《南溪增修瀛洲阁记》中认为，瀛洲等三仙山，"包储之富，钟毓之秀，亘千古不可尽"，是海中屏障，就像华山、潼关之于长安，山川之秀，形胜之固，天下闻名。同样，长江中的乐山乌尤滩、重庆铜锣滩、夔州滟滪堆，因位于江中，护佑一方，都是中流砥柱。因此，他认为，南溪虽然地处一隅，并非天下形胜之地，但大江西来，洪流灏瀚，此岛独扼于江心。从瀛洲岛回望，"四山林壑之环络，万户村墟之周带，无不相向有意致，且若相约不敢越畔，而隐有肖乎造物所以位置天下者"。因此将该岛命名为"瀛洲"，是极为恰当的。最后，包弼臣一再说明，知县雷尔卿爱惜瀛洲岛，重修瀛洲阁，是为南溪注入厚重的文化内涵，希望在士民间引起共鸣，使南溪发展日新月异。这样说来，将这座岛取名为"瀛洲"是不过分的。又因唐代十八学士曾登瀛洲，取其名，足以壮大南溪声名，这是雷尔卿对南溪山水的厚爱之心，并非南溪士子不自量力之举动。

如果说，瀛洲岛之得名是瀛洲文化地方化的结果，也是南溪士子增强文化自信、钟爱乡土山川的举动，那么从四川仙源文化的发展历程看，南溪的确是巴蜀仙源文化的重要区域，其名称背后，体现了厚重的本土仙源文化特色。

众所周知，四川是道教创始地。谢无量先生曾说："蜀有学，先于中国（即中土）。"其中道教创于蜀中。古蜀时期，蜀人有"人鸟"观念与"教人学仙"的"上古之法"，其中仙文化成为古蜀文化的核心，蚕丛、柏灌、杜宇三代蜀王"皆仙去"。古昆仑指的是岷山，岷山成为道教昆仑，是真官、仙灵活动的中心。因此，谭继和先生认为，巴蜀是3 000年前古蜀仙道的起源地，是2 000年前道教的创始地，所以巴蜀不愧是仙源故乡，道教的发源地。李白也在诗中发出了"蜀国多仙山，峨眉邈难匹"的感慨，"多仙山"正是古蜀的特点。因此，在四川各地形成了众多仙源之地，南溪应是其中之一。

从地理形胜来看，长江从西而来，分南溪于两岸，岸北仙源坝，岸南芦亭坝。两坝皆面朝大江，背靠群山，是南溪物产丰盈、风水极佳之地。若从南溪整体形胜来看，以仙源坝为中心，龙腾之渊旋于左，桂纶之山环于右；俯大江而平眺海楼则烟雨迷离，仰石磴之盘纡云台而嶙峋突兀。地处西北部的云台山，海拔450米，山势雄伟、峰峦挺秀、树木参天。元代建有云台书院，后变为云台寺，是川南佛教圣地，与泸州方山齐名，被誉为"小峨眉"。

从仙人事迹来看，仙源坝之得名虽不可考，但南溪却流传着不少与神仙相关的故事并留下众多遗迹。在南溪区以东一千米的龙腾山，下瞰大江，其北有石，横空长四丈许，俗称为"龙桥"。山半有洞，深四丈，相传为李八百所凿，额镌曰"李公洞"，八分体，字画遒劲可观。李八百，为蜀中八仙之一，其寿八百岁，故称李八百。其人所指有六，皆为蜀人，在蜀地留下众多遗迹，南溪李公洞应为其修道得仙的遗迹之一。同样，汉代刘景鹤，隐居平盖山，山有深邃石洞，上有石穴，圆如盏，有清泉流出，刘景鹤取泉水炼丹；又有树木生长之叶，如篆文，为道符；后刘景鹤得道，驾鹤入建州。仙源之名是否与李八百、刘景鹤修炼有关，笔者不敢妄下结论，但嘉庆年间的南溪知县张仲芳在长江南岸半月池旁，题款"泽溯仙源"四个大字，是目前唯一可见的有关"仙源"二字的实物，也能够说明南溪仙源文化之久远。

从故事传说来看，瀛洲岛附近的铜鼓滩、九龙滩、鸡叫山、于公庙、观音寺等文化遗址，亦留下众多的传奇故事。如鸡叫山，有一个鲁班和二郎神打赌的故事。鲁班说他能赶在早晨鸡叫之前在江南镇修个塔直达天庭，二郎神说他能赶在早晨鸡叫之前把长江截流。二更时分他们就开始比赛。观音菩萨知道此事后前来阻止，可是两位神仙根本不听，一个埋头造塔，一个举鞭赶石。观音菩萨就抛下一片柳叶，柳叶落地后化作一只公鸡，站立在七家沟山头打鸣。二郎神和鲁班听到鸡鸣声，便都停下，未分输赢。而那只公鸡则化作一块巨石矗立在山上，那座山就是现在的鸡叫山。再如九龙滩，传说当地有九条龙在江中作乱，祸害周边百姓。后来有一对裴姓兄弟挺身而出，大战九条龙。九条龙被杀死后，化作九条龙形石滩，横亘江中，来往船只，深受其害，直到 20 世 80 年代，九龙滩才被炸掉。

如果说上述从中国瀛洲文化与巴蜀仙源文化两个维度来解读瀛洲岛得名及其深厚的仙源文化内涵的内容，是从文脉发展的角度进行阐述的话，那么瀛洲岛之形成，本身便是天地造化、自然演变而成的鬼斧神工之杰作。众所周知，大江自西南来，负城而下，洪流灏瀚，千万年来，江水凿山激岸，终于在江心托出一个岛屿。据地质专家研究，瀛洲岛地质属第四系新老冲积层，新老冲积层地质以棕色砂、泥粒为主。由于长期受到江水冲刷，大量泥沙在岛上沉积，形成了典型的壤土，极为适合水稻、烟草及竹子等作物生长。瀛洲岛与南溪境内的西域坝、机耕坝、中坝、谢家坝、底坝等属于同一地质层，具有相同的土壤特质。

特殊的地质条件，隔绝的生存环境，造就了瀛洲岛优美的自然风光与恬静安适的生活情趣，成为历代文人雅士聚会之地，也成为广大南溪民众的郊游胜地。瀛洲岛，四面环水，终年涛声不绝。岛上茂密的林木、星散的民居、天然的生态，是任何一座人工园林无法拥有的自然馈赠。此地夙为县人游赏之地。秋景澄清，残霞弄影，孤蟾浮天，波澜万顷，水月交映，如一片琉璃，朗然空洁。瀛洲岛一带的长江自然奇观气势雄伟壮阔，东望大江，但见江波杳杳，无边无际，一座孤岛，锁镇江心。夜深人静，滩声频送，直达县城。以至于乾隆乙酉举人郭城赋诗赞叹瀛洲岛胜景："徒闻海外有瀛洲，此地称名亦偶侔。四面大江全抱寺，千寻杰阁半临流。廉纤雨洗琅玕竹，洒落人居缥缈楼。莫谓仙凡真个隔，桃花浪里渡轻舟。"真是一派天人合一、水天一色之美景。

第二节 文墨重彩瀛洲阁

瀛洲阁是一座历经风雨的川南名阁，是享誉蜀中的南溪八景之一，为历代文人雅士所推崇。瀛洲阁修建于明代，具体修建时间已不可考，其通体为木石结构，共五层，经过世间的沧桑变化，至明末已全部倾圮。清代以来，瀛洲阁几经修建，又几经冲毁。目前所见的瀛洲阁是 1991 年 8 月洪水之后重建的。1992 年政府启动了原址重修救生高台及旅游景观综合工程，1995 年工程完工。这项工程共修建阁楼两层，第一层是救生高台，高 4.8 米，建筑面积达 313.36 平方米，迎水面改方为圆，条石砌挡墙；第二层为钢筋混凝土结构、歇山式屋顶、覆盖黄色琉璃瓦的仿古建筑，面积为 109.30 平方米。瀛洲阁虽仅剩两层，但形制循旧例，古意犹存，飞翘檐角，掩映在翠竹绿柳中，格外灵动飘逸。

此处建筑称"阁"，不仅与瀛洲岛仙境相符，更给人以无限遐想。据《淮南子》载，阁是一种架空的小楼房，中国传统建筑物的一种。其特点是四周设隔扇或栏杆回廊，供远眺、游憩、藏书和供佛之用。阁，作为中国古代建筑中最重要的建筑类型之一，有着悠久的建筑历史，唐代诗人杜牧在吟咏阿房宫时就称其"五步一楼，十步一阁"。其后，以阁命名的建筑，遍布华夏大地，如北京文渊阁、辽宁文溯阁、湖南天心阁、山东蓬莱阁……一座座阁楼，屹立在中国大地上，承载着一段段难以磨灭的历史，影响绵延至今。

瀛洲阁自明代始建以来，几度兴废。明嘉靖时南溪知县高旸、万历时南溪知县陈忠二人，在主政南溪期间，曾沿旧基重修瀛洲阁，但明末全阁倾圮。清乾隆时，王凤临任南溪知县，访诸父老，流连古迹，认为瀛洲岛为治东要区，重修瀛洲阁极为必要，于是"商诸邑人士"。当时南溪名流杨安邦、高商玉、包鸿、李大中、曾逵章、李文蔚等慷慨捐赠，并将瀛洲阁周边土地全部购买下来，除了修建瀛洲阁，还将多余土地出租，每年的租金用作历年修葺的费用。王凤临更是捐三百两俸禄，用于修建瀛洲阁。在全县士民支持下，历经两年，瀛洲阁于乾隆二十四年（1759年）全部告竣。这次修筑共建阁五层，在阁后建文昌祠三级及左右厢房。乾隆五十三年（1788年），楼阁及附属设施全部被大水冲毁。清道光十七年（1837年），南溪知县翁绍海重修三层瀛洲阁，其上祭祀奎星，匾额题写"中流砥柱"四个大字，后亦被大水冲毁。清光绪十年（1884年），知县雷尔卿又增高二层，重修的瀛洲阁恢复为五层。光绪三十一年（1905年），"乙巳大水"冲毁文昌祠，楼阁呈倾斜之势。民国八年（1919年）大风将楼阁吹倒。民国十七年（1928年），南溪县人谋划修复，开始砌石固基，但未建楼阁，只余台基，后长期荒废。1992年，瀛洲阁开始第六次兴建，共建阁两层。

瀛洲阁自明代肇建以来，就逐渐成为文人雅集之地，并逐渐升格为南溪八景之一。"八景"文化，大致萌芽于魏晋，成熟于两宋，繁荣于明清，是融人文与自然为一体的地域性文化的显著标识之一。"南溪八景"最早形成于何时，难以稽考。从目前文献来看，南溪八景的形成并非一蹴而就，经过了一个渐次完善的过程。据现存最早的康熙二十五年（1686年）版《南溪县志》载，时任南溪知县王大骐［按语：康熙二十年至二十六年（1681—1687年）任南溪知县］撰写"海楼烟雨""桂溪钓艇""瑞云暧䲁""琴山松风"四景诗各一首，南溪人士吕声撰写"芦亭晚渡"七律诗一首，被编入"南溪诸景诗"名目下，这是首次出现的有据可查的南溪"五景"。同时，知县王大骐在《登城》诗中有"西漾桂轮摇月夜，东浮瀛阁起晴烟"之句，首次提到了瀛洲阁，但并未将瀛洲阁与其他五景并列描述。直到37年后的康熙五十七年（1718年），宋鉴任南溪知县，其在任期内首次全面描述了南溪八景盛况，并撰成"南溪八景诗"。至此，"芦亭晚渡、琴山松风、龙腾晚照、镇澜夜月、仙观晴霞、瑞云暧靆、海楼烟雨、桂溪钓艇"八景的名称第一次得以完整呈现，并被以后历代县志相袭沿用。其中，以瀛洲阁为核心景观的"镇澜夜月"首次被列入"八景"范畴。其诗曰：

镇澜夜月

人爱江水清，我爱江水白。江清逝如斯，月白介于石。

一镜涌洄澜，了了无痕迹。江流月不流，江隔月不隔。

天上有往来，人间无变易。此理试潜窥，千潭妙可获。

自此以后，瀛洲阁因其独特的自然条件、人文内涵成为家喻户晓的胜地名景。以其为核心的镇澜夜月作为南溪八景之一，为历代文人雅士所吟咏。如雍正年间，南溪岁贡生、郫县训导何瑞图作"镇澜夜月"诗，描述了瀛洲阁天水一色、秋景月明的美景。乾隆时南溪举人郭城，赋"瀛洲阁"诗一首，写出了"桃花浪里渡轻舟"的轻快洒脱之情。此后，乾隆时南溪知县罗道达，道光时南溪拔贡万清涪，道光时南溪人包本芳，同治时《南溪县志》纂修者唐毓彤，光绪时南溪举人、户部郎中曾鹤龄，光绪时南溪举人黄开第，近现代著名爱国民主人士、教育家黄炎培等都对瀛洲阁或镇澜夜月进行吟唱，留下众多优美诗篇。在吟唱瀛洲阁的文人群体中，以乾隆时南溪教谕何毓聪和同治时南溪举人包弼臣最为著名。乾隆时，南溪知县王凤临重修瀛洲阁，告竣之日，何毓聪撰写《建修瀛洲阁碑记》，详细描述了瀛洲阁的风景特色、重建经过、规模意义，极具史料价值。光绪年间，南溪知县雷尔卿再度重修瀛洲阁，并邀请包弼臣撰文并书《南溪增修瀛洲阁记》，对瀛洲文化、瀛洲阁得名等进行详细阐述，为后世留下了一篇千古佳作。

第三节　守望乡梓镇波澜

瀛洲岛是守望乡梓、锁镇江心的中流砥柱，历来是岛上居民与来往船只的避险场所。瀛洲阁修建于明代，位于四面环水的瀛洲岛上。这是一个较大的工程，石材、木料都依赖船只运送，再由人工运往修建地。五层之阁，所费颇大。因此，就其修建目的而言，绝非单纯修建一个供文人雅士吟诗赋词、休闲娱乐的场所，也非为营造南溪八景之一——"镇澜夜月"。修建瀛洲阁的目的只有一个，就是为居住于岛上的居民及来往船只的船员在遇险时提供一个可以避险的场所。对这一点，可以从两方面进行阐述：

瀛洲岛位于江心，将长江一分为二。内江较为狭窄，一遇枯水期，可由江岸步行至岛上；外江江面宽阔，终年江水汹涌。从远处观看，瀛洲岛就像镇住江心的一只船，锁镇江心，江水分流而过，瀛洲岛被誉为"中流砥柱"。由于瀛洲岛周边遍布险滩，来往船只都比较谨慎。如与瀛洲岛西北端隔江相望的铜鼓滩，水石相激成声，响如铜鼓，波浪极险，船家至此，莫不小心留意。为减少行船事故，士民于明万历四十二年（1614年），在其岸上修建了一座于公庙，以祭祀于谦，保佑来往船只安全。同样，在瀛洲岛隔江相望的南岸山腰，为避免在铜鼓滩出现行船事故，民国四年（1915年）乡人捐建观音石龛，祈求来往船只平安。中华人民共和国成立后，长江航道重庆工程局炸滩筑坝，铜鼓滩始被驯服。同样，瀛洲岛不远处的临江村长江南岸有一条石埂子，横伸入江中，形成回水旋涡，经常发生翻船事故。不少船员行至此处，都要去烧香祈祷，希望能平安驶过。后来这一带修建了黄龙庙，供奉龙王和诸天菩萨。在瀛洲岛上游不远处有九龙险滩，行船困难，常出事故。后来，人们在南岸修建了映南塔（共7级，高28米），这固然寄托了人们想要南溪多出文士之愿望，但更大的愿望是镇住江中险滩，保障船只安全。因此，历史上的南溪县地方名流，为保障长江航道畅通，不惜财力物力，致力于铲平险滩，如清嘉庆时南溪人包宽，致力于对筲箕背险滩的疏浚，还将九龙滩巨石凿开，方便船只通行。其长子包融芳更是对筲箕背的险石进行了大规模清除，极大地便利了船只通行。因此包宽被举为孝廉方正，他去世后，乡人建立包公祠，以彰显其功德。

如果说从瀛洲岛所处的自然环境看，它具有保佑一方平安的功能，那么，自清代以来，随着岛上居民日渐增多，在长江洪水泛滥之时，其救生功能则更为显著。同时，瀛洲阁也是记录洪水水位的载体，充当了水文站的角色，这也是从清代至今，南溪人不断维修瀛洲阁的重要原因之一。我们在考察瀛洲阁时，在其墙体上发现了很多与水灾记录有关的尺度，如在石梯左侧墙壁上有1991年水位刻度，在墙体后壁两侧墙角有相应的水文刻度；在正门右侧墙壁上还有光绪三十一年（1905年）、民国六年（1917年）的水位记录，及民国十八年（1929年）重建瀛洲阁台基的记载。除此之外，一旦长江爆发特大洪水，瀛洲岛多被淹没，由于瀛洲阁用条石修筑，位于全岛最高处，其平台上可容纳岛上群众，具备避险救生的功能。如清光绪三十一年（1905年），大水淹没半个南溪县城，史称"乙巳大水"，洪水水面涨到与瀛洲阁救生高台上口持平处，文昌祠因此毁坏，岛上居民因逃到平台上而获救。1991年8月10日，长江水位猛涨，长江南溪段出现中华人民共和国成立以来第二次特大洪水，裴石乡组织抢险，其中紧急转移瀛洲岛群众70余人，有28人因转移到瀛洲阁救生高台上而获救。

由此可见，瀛洲阁虽为亭台建筑，其功能却是积极而实际的，尤其在全岛居民面临洪水肆虐时，它能起到护航生命的作用。只是在太平岁月，由于其景色优美、环境宜人，它被文人雅士赋予风雅元素，成为南溪八景之一。这样集救生功能与风雅基因于一体的江心建筑，实属罕见，值得我们倍加珍视和呵护。

第四节　传奇家族谱新篇

瀛洲岛因滚滚长江而诞生，因生态之美而富有灵性，因雅士唱和而扬名川南，最终以岛上居民的辛勤劳作而繁荣兴盛。在瀛洲岛上生活着余、邱、郭三个家族，虽然他们入岛定居的时间先后不一，但共同守护着这片精神家园。三个家族中，以余家人口最多，余家也是最为神秘的家族。余姓族人世代口耳相传着一个传说：其祖先来自蒙古草原，先祖铁木健系元朝宗室，因明朝灭元，铁木健后裔逃亡各地，其中一支流落到今天的南溪麻柳村境内。嘉庆三年（1798年）版《余氏族谱》记载，余家原籍福建汀州府宁化石壁村，洪武年间，始祖余志铭由福建迁往广东惠州府兴宁县油洞麻岭。清顺治年间，余志铭九世孙余光先，为"良图意远"，由惠州府兴宁县南厢迁往江右南安府上犹县崖坑乱石。雍正年间，余光先之孙余自芳由江西上犹县移居四川南溪县，妻申氏，生秉松、秉茂二子。余自芳为南溪瀛洲岛余氏家族迁川始祖。如今余氏家族主体还是生活在瀛洲岛上，但随着岁月的流逝，也有很多族人为了寻求更好的发展机会，逐渐搬到麻柳村其他村组、裴石镇、南溪区、成都乃至全国其他地方去居住。家族虽然分散异乡，但瀛洲岛依然是余氏后裔念念不忘的根脉所在,《余氏族谱》也是他们魂牵梦绕的精神纽带。

瀛洲岛的另一个大家族是邱氏家族。据2012年《邱氏族谱》载,南溪邱氏家族始祖邱启财系清康熙初年,由湖广麻城县孝感乡迁居南溪裴石乡骑马村白滩子,经过"启、朝、为、山、文、世"六代人的发展,第七代邱阜仟生洪休、洪熙、洪高、洪开四子,邱家遂分为四大房,其中长房邱洪休迁居瀛洲岛,已传至第7代。如今,他们同余氏家族一样,很多族人搬离了瀛洲岛,岛上邱家仅剩两户,守护着祖先创业的这方土地。

数百年来,由于瀛洲岛僻处江中,余、邱、郭三个家族精诚团结、守望相助,用勤劳的双手共同谱写下瀛洲岛的繁华。他们整治岛上土地,开辟田园,种植水稻,栽种竹木。如今的瀛洲岛绿水环绕、青竹相映,一派仙源景色。他们以打鱼和种植为主,除传统的烟叶、花生、油菜、红苕之外,近20年来他们又在肥沃松软的沙滩地种植西瓜、甜瓜,2015年还成立了瀛洲阁瓜果专业合作社,为本土特产瓜果注册了"瀛洲阁"商标,畅销外地,享誉川南,成为西瓜的一大品牌。

2017年,麻柳村(含瀛洲岛)成功申报四川省省级传统文化村落,其独特的自然景观、丰厚的文化底蕴、传奇的家族故事得到了进一步彰显,吸引了更多的媒体、游客。2010年,中央电视台7频道《乡土》栏目摄制组到南溪瀛洲岛采访拍摄"七夕"专题节目,介绍万里长江第一岛——瀛洲岛的七夕风情:岛上渔家、青年打泥巴仗,老人喝养身豆浆、吹哈号。2014年中央电视台中文国际频道(CCTV-4)《远方的家》栏目推出的《江河万里行》中,全面展示了瀛洲岛的自然美景、人文历史、风土人情。2016年,中国汽车场地越野锦标赛(四川南溪站)在瀛洲岛对面沙滩隆重举行,吸引了来自全国各地22支车队的68辆赛车参赛,瀛洲岛再次扬名国内。2017年、2018年,中国汽车越野赛继续在瀛洲岛对面沙滩举行,万里长江第一岛的迷人风光再次征服了广大游客。

瀛洲岛居民坚守绿水青山的生态理念,在烟波浩渺、水月交映、竹林葱郁的小岛上过着怡然自得的安适生活,他们日出而作、日落而息,撒网捕鱼、下地种瓜,儿孙连绵、代代繁衍。这是大自然馈赠的世外桃源,是风景宜人、宜居、宜游、宜乐的生态观光园。江水千年,船歌千年,瀛洲千年,金沙千年,这就是万里长江第一岛——瀛洲岛,这就是新时代,传奇家族绘就的美丽诗篇。

第二章
YINGZHOU DASHIYE
瀛洲大视野

瀛洲

第一节　瀛洲神话

"瀛洲"一词,最早见于我国先秦典籍《列子》中的《汤问第五》(见图2.1):

渤海之东不知几亿万里,有大壑焉,实惟无底之谷,其下无底,名曰归墟。八纮九野之水,天汉之流,莫不注之,而无增无减焉。其中有五山焉:一曰岱舆,二曰员峤,三曰方壶,四曰瀛洲,五曰蓬莱。其山高下周旋三万里,其顶平处九千里。山之中间相去七万里,以为邻居焉。其上台观皆金玉,其上禽兽皆纯缟。珠玕之树皆丛生,华实皆有滋味,食之皆不老不死。所居之人皆仙圣之种,一日一夕飞相往来者,不可数焉。而五山之根无所连著,常随潮波上下往还,不得暂峙焉。仙圣毒之,诉之于帝。帝恐流于西极,失群仙圣之居,乃命禺疆使巨鳌十五举首而戴之。迭为三番,六万岁一交焉。五山始峙而不动。而龙伯之国有大人,举足不盈数步而暨五山之所,一钓而连六鳌,合负而趣,归其国,灼其骨以数焉。于是岱舆、员峤二山流于北极,沉于大海,仙圣之播迁者巨亿计。

上段原文大意如下:

渤海以东不知几亿万里的地方,有一片大海深沟,真是无底的深谷,它下面没有底,叫作"归墟"。八方、九天的水流,天际银河的巨流,无不灌注于此,但它的水位永远不增不减。大海深沟上有五座大山:一叫岱舆,二叫员峤,三叫方壶,四叫瀛洲,五叫蓬莱。每座山上下周围有三万里,山顶平地有九千里。山与山之间,相距七万里,彼此相邻分立。山上的楼台亭观都是用金玉建造的,飞鸟走兽都有一身纯净白毛。珠玉之树遍地丛生,奇花异果味道香醇,吃了可以长生不老。山上居住的都是仙圣一类的人,一早一晚,飞来飞去,相互交往,不可胜数。但五座山的根却不同海底相连,五座山经常随着潮水波涛上下颠簸,来回漂流,不得片刻停留。仙圣们为之苦恼,向天帝诉说。天帝唯恐这五座山流向西极,使仙圣们失去居住之所,便命令北方之神禺疆,派十五只巨大的海龟抬起头来,把大山顶在上面。分三批轮班,六万年轮换一次。这样,五座大山才得以耸立不动。但是,"龙伯之国"有个巨人,提起脚板不用几步就来到五座山前,投下钓钩,一钓就兼得六只海龟,一并负在肩上,快步走回自己的国家,烧灼它们的甲骨来占卜凶吉。于是岱舆和员峤这两座山便漂流到北极，沉没在大海里，仙圣们流离迁徙的不计其数。

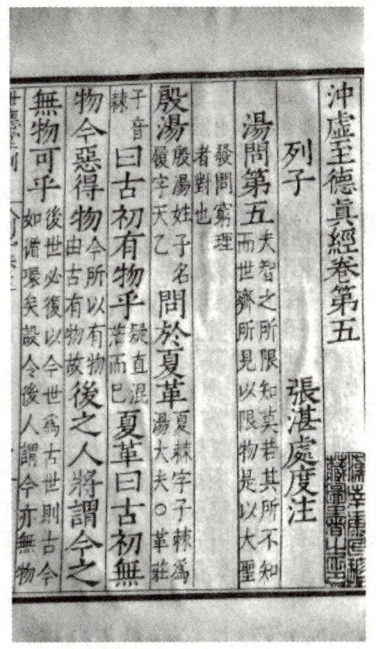

图2.1 《列子·汤问》

另外，《史记·秦始皇本纪》记载："齐人徐市等上书，言海中有三神山，名蓬莱、方丈、瀛洲，仙人居之。"由此可见，不少古典文献都记载了有关瀛洲的传说。

第二节 "十八学士登瀛洲"

《旧唐书·褚亮传》记载，秦王李世民为网罗人才，设置文学馆，任命杜如晦、房玄龄等十八名文官为学士，轮流宿于馆中；暇日，访以政事，讨论典籍。李世民登基后又命阎立本图其状貌，题其名字、爵里，褚亮为之作像赞，号《十八学士写真图》，藏之书府，以彰礼贤之重。时人慕之，谓"登瀛洲"。后来诗文中常用"登瀛洲""瀛洲"比喻士人获得提升重用，如入仙境。唐代以降，"十八学士"成为中国精神文化的一个鲜明符号。"十八学士"题材成为之后历代君王、文士、画家的人生追求和美学理想的载体（见图2.2和图2.3）。

图 2.2　北宋赵佶《唐十八学士图卷》（局部，台北故宫博物院藏）

图 2.3　明人《十八学士图》（局部）

陕西泾阳县城东南 10 千米处的高庄镇阜下村有一土高台遗址，名叫"瀛洲台"。据《泾阳县志》载，该处为唐初十八学士（杜如晦、房玄龄、于志宁、苏世长、薛收、褚亮、孔颖达、姚思廉、陆德明、李玄道、李守素、虞世南、蔡允恭、颜相时、许敬宗、薛元敬、盖文达、苏勖）登游处。因为土厚质纯，得阳光雨露之恩泽，每年初春，这里便芳草连天，花开萋迷，故称"瀛洲春草"，为泾阳八景之一。登临此台，向北眺望，泾阳城尽收眼底。当年秦王李世民曾邀请文学馆学士在此聚会，谈天说地，饮酒作诗，一时被天下人所仰慕。其实，这只不过是人们对十八学士所受之推崇礼遇的向往而已。

清康熙年间泾阳县令王际有曾作《瀛洲怀古》一诗。

瀛洲怀古
原上平沙带紫泥，玉堂人回草凄迷。
断碑坚护前朝字，荒址空传太史题。
风急水涯歌韵渺，渚寒山表月痕低。
不知胜事何能再，绿野新莺到处啼。

第三节 瀛洲古诗辑选

罗浮银是殿，瀛洲玉作堂。
朝游云暂起，夕饵菊恒香。
聊持履成燕，戏以石为羊。
洪厓与松子，乘羽就周王。
——南北朝·阴铿《赋咏得神仙诗》
名山狎招隐，俗外远相求。
还如倒景望，忽似阆风游。
临崖俯大壑，披雾仰飞流。
岁积松方偃，年深椿欲秋。
野花开石镜，云叶掩山楼。
何须问方士，此处即瀛洲。
——隋·孔德绍《南隐游泉山》
海客谈瀛洲，烟涛微茫信难求。
越人语天姥，云霞明灭或可睹。
——唐·李白《梦游天姥吟留别》（摘）
东风已绿瀛洲草，紫殿红楼觉春好。
池南柳色半青青，萦烟袅娜拂绮城。
——唐·李白《侍从宜春苑奉诏赋龙池柳色初青听新莺百啭歌》（摘）
已入瀛洲远，谁言仙路长。
孤烟出深竹，道侣正焚香。
——唐·钱起《夕游覆釜山道士观因登玄元庙》（摘）
翠阁傍瀛洲，洲中胜事幽。
沙明眠雪鹭，波涨宿霜鸥。

溅雨荷盘腻,萦风柳带柔。
公余自多暇,尊酒奉仙游。
　　——唐·李愿《登瀛洲阁》
海静天高景气殊,鲸睛失彩蚌潜珠。
不知今夜越台上,望见瀛洲方丈无?
　　——唐·李群玉《中秋寄南海梁侍御》
风急云轻鹤背寒,洞天谁道却归难。
千山万水瀛洲路,何处烟飞是醮坛。
　　——唐·唐求《题刘炼师归山》
道德吾君重,含贞本去华。
因知炼神骨,何必在烟霞。
棋散庭花落,诗成海月斜。
瀛洲旧仙侣,应许寄丹砂。
　　——五代·李中《赠上都紫极宫刘日新先生》
何人骑鹤上瀛洲,清影明波正九秋。
吹罢玉笙端不见,满空桂子有谁收。
　　——宋·舒亶《和刘理西湖十洲·月岛》
瀛洲登俊老,烟阁尽名臣。
轻重非关鼎,兴亡要在人。
　　——宋·宋庠《进读唐书终帙》(摘)
昔年踪迹寄江头,雪屋梅村自一邱。
醉里却疑身是梦,烂银楼阁看瀛洲。
　　——宋·周紫芝《立春前五日史馆对雪二绝(其二)》
晴云扶日上昭阳,翠辇鸣鞭下建章。
化国楼台天半际,瀛洲殿阁水中央。
鱼游自并龟龙国,花气浑如蔔香。
拟学华封人作颂,千秋万岁奉君王。
　　——宋·彭汝砺《拟赏花钓鱼诗(其一)》
瀛洲官阁帝城东,一望燕山感慨同。
易水寒生人别处,渔阳秋在雁声中。
胡笳怨彻长榆月,画角吹残落木风。
我自感君歌出塞,相过非为菊花丛。
　　——明·李云龙《九日集李公詹别署》

经济才猷结主知，从容馆阁际明时。
都将治世安民策，散作裁冰剪雪辞。
五凤楼高天路近，百花香细漏声迟。
画图仿佛登瀛趣，展玩令人有所思。
　　　　——明·于谦《题唐十八学士登瀛洲图》
丈夫只手把吴钩，意气高于百尺楼。
一万年来谁著史，三千里外欲封侯。
定将捷足随途骥，那有闲情逐水鸥。
笑指卢沟桥畔月，几人从此到瀛洲？
　　　　——清·李鸿章《入都（其一）》

第四节　瀛洲名称举隅

瀛洲，原指中国古代神话传说中位于渤海的一座仙山。后世将一部分江海湖泊中四面环水的岛屿，或三面环水的半岛，或陆地伸入水域的滨水的州、县、乡、村也称作"瀛洲"，或称作"瀛海""瀛台"。由于瀛洲文化深入人心，后世将"瀛洲"或"瀛"字用于区域名、事物名、人物名的，更是不计其数（现代人将"瀛洲"作为各类名称时，也有一部分误写为"瀛州"）。

【区域名】

安徽省绩溪县瀛洲镇，镇政府驻地瀛洲村距县城9千米。胡宗宪、胡适、胡锦涛等名人，均为安徽绩溪人。

河北省以前有河间县，古称"瀛洲"，地处冀中平原腹地，属沧州市管辖。1990年河间撤县设市（县级市），河间市人民政府驻瀛洲镇。

福建省福州市台江县早在1955年就在瀛洲河畔设置了瀛洲街道。

【事物名】

全国各地以"瀛洲"命名的团体或事物，有瀛洲小学、瀛洲古调、瀛洲集团、瀛洲新村、瀛洲社区、瀛洲酒店、海客瀛洲楼盘等。陕西泾阳有瀛洲台（见图2.4），江苏南京有瀛洲湾，广东广州有瀛洲生态公园，河南洛阳有瀛洲大桥、瀛洲路，云南蒙自有瀛洲亭，四川南溪有瀛洲阁，等等。

图 2.4　陕西泾阳瀛洲台

【人物名】

以"瀛洲""登瀛""太瀛""瀛"等字词为人名的情况也不少见,如:中国著名古陶瓷鉴定专家孙瀛洲,台湾空军退役上将夏瀛洲,新加坡大华银行创始人连瀛洲,西安交通大学附属医院主治医师耿瀛洲,等等。仅在四川南溪,就有蟠龙场清代举人赵太瀛、县城清代府试第一人董清瀛、文化乡志愿军烈士雷瀛洲、李庄区武师兼医师康瀛洲、裴石乡党代表前进村人罗瀛洲、裴石乡油房一队会计赵瀛洲等。

第五节　长江江心岛举隅

长江干流自西而东横贯中国中部。自宜宾到上海,长江江心岛近百个,分别以"岛、坝、洲、沙"等命名。除了长江第一岛南溪瀛洲岛(见图2.5),以下江段著名的江心岛,还有:南溪江安共有的大中坝、江安的古贤坝(橙花岛),合江的中坝,重庆的南坪坝、广阳岛、白帝岛,武汉的白沙洲,长沙的橘子洲,南京的八卦洲、梅子洲,镇江的扬中岛,上海的崇明岛,等等。一座座江心岛恰似颗颗明珠嵌于长江之上。

图 2.5　南溪瀛洲岛

上海崇明岛（2016年撤县设区），旧称"瀛洲"。崇明岛地处长江口，是中国第三大岛，被誉为"长江门户、东海瀛洲"，是世界上最大的河口冲积岛，也是世界上最大的沙岛。始创于崇明岛的"瀛洲古调派琵琶演奏技艺"名列国家级非物质文化遗产。

第三章 历史地理

瀛洲

第一节 建置沿革

春秋时期，南溪一带隶属于古蜀国，相传该时期南溪又为"僰侯国"领地。秦惠王更元九年（前316年）秦灭巴、蜀后，在原巴、蜀领地上建立巴郡和蜀郡，南溪改属秦国蜀郡。此时，南溪住民多为僰人，是西南夷的重要组成部分，南溪也是典型的民族聚居区。西汉汉武帝命司马相如开西南夷，在今宜宾市翠屏区、宜宾县、南溪区等地设僰道县，隶属巴郡。汉武帝建元六年（前135年），朝廷从巴郡和蜀郡各分出一部分，建立了犍为郡，僰道县改属犍为郡。

南朝梁武帝天监元年（公元502年），梁朝统治四川地区，僰道县被"夷獠"占据，建制荒废。大同年间（540—544年），梁朝在今南溪区与翠屏区的南广、李庄、牟坪新设南广县和六同郡，六同郡只辖南广县，这是南溪设县之始。隋开皇元年（581年），六同郡废，南广县直属戎州。

隋仁寿二年（602年），因南广县的"广"字犯太子杨广讳，南广县改为南溪县。因县城在僰溪（又名涪溪）之南，故名。自此以后，"南溪"一名正式载于史书，所辖行政区域基本定型。

唐武德元年（618年），南溪县为戎州属县，戎州驻所从宜宾市城区迁南溪县城。贞观六年（632年），戎州改为戎州都督府，驻所从南溪县迁回今宜宾城区。此后，有唐一代，南溪时升为郡，时降为县，变化不一。乾符二年（875年），为抵御南诏入侵，朝廷在南溪县仙源坝筑奋戎城（今南溪街道办），作为戎州卫星城。

有宋一代，南溪县亦属戎州。北宋乾德年间（963—968年），南溪县城从李庄迁往奋戎城（俗称仙源坝）并持续至今。

南溪县乡级行政区划在宋代以前尚无记载，宋代至清末的近千年间，其记载呈现出由零星到丰富、由模糊到清楚的发展过程。宋《太平寰宇记》南溪县条目下载"原为六乡"，宋《元丰九域志》南溪县条目下亦载"十乡"，皆未指出具体乡名。根据这些记载难以判定裴石是否列入其中，但根据十乡数量及裴石地理区位，名列其中的可能性较大。瀛洲岛因位于县城东郊、长江江心，故应隶属其间。

明朝《一统志》载，南溪县户编一十九里，可考之乡名，仅有桂轮乡、新兴乡、新兴上乡、皁鸣乡、集仙乡。关于裴石镇的记载在明代也已出现，但并非乡名。位于裴石镇的普门寺修建于明朝洪武年间，正统二年（1437年）重修，正德四年（1509年）立碑纪念。进士周儒撰写碑文记载，普门寺位于"普安里许，古镇裴市之阳，黄龙溪之上源也"，落款人为"南溪县僧会司官觉正，集仙乡裴市镇普门寺主持僧净"。这是目前所见最早的关于裴石的记载。可见，裴石原名裴市，该名延续至清代，属集仙乡管辖。从裴市古镇的称呼来看，裴石镇由来已久，但何时设立已不可考，考虑到南溪在北宋时才有"六乡""十乡"的记载，故裴市之名不会早于北宋。

清朝康熙初年，南溪县户编五甲，后分南北二里。雍正时期，南溪县分十三里，裴石属留宾里。同样，雍正时期，来自江西的余自芳，携妻带子，长途跋涉迁川，定居裴石余家坝，其后裔居住于瀛洲岛。乾隆初，南溪全县由十三里改为九里，在城里（今南溪街道大部）与留宾里合并为"留宾里"，裴石仍属留宾里。嘉庆时，全县分四里，原在城里、留宾里、中华里、白云里合为一里，称"下北里"，裴石隶属其间。嘉庆二十年（1815年）清廷在裴石镇（小地名裴石铺）设立驿铺（按清制，铺是朝廷为收发和转运官方文书而在各省腹地所设的驿站），称裴石铺。大概在嘉庆年间，邱氏迁川第八世祖邱洪休定居瀛洲岛，邱氏一族在此岛生活至今已历7代。道光年间，南溪全县复为九里，在城里与留宾里合并为一里，称"在城里"，裴石属在城里。同治年间，在城里与留宾里合为一里，称"留宾里"，裴石属留宾里，因位于留宾里外围，且靠近长江，俗称"外留宾"。宣统二年（1910年）南溪县设19个乡镇，裴石属留宾乡。

民国元年（1912年），四川省内务司恢复团练制，南溪县被划为5个团区，裴石属二区。民国十八年（1929年）南溪新设裴石乡（与今天裴石镇的范围一致）。民国二十四年（1935年），南溪县被重新划为3个区、28联保，裴石乡属一区。民国三十年（1941年），南溪县由原25个乡镇变为31个乡镇，裴石乡建置不变。民国三十一年（1942年），南溪县被划分为5个区，33个乡镇，裴石乡属一区。民国三十四年（1945年），南溪县被划分为5个区，分为33个乡镇、450保、4 609甲。裴石乡属一区，辖14保、135甲。其中瀛洲岛所在麻柳村属第八保。

1950年，南溪县成立了5个区人民政府，下辖33个乡，裴石乡属第一区。同年12月，县政府将原来33个乡镇划为69个小乡镇，改保甲为村组。裴石乡分为裴石、胜利、和平三乡，裴石乡政府驻地裴石铺，胜利乡政府驻地骑马石，和平乡政府驻地普惠寺，瀛洲岛属和平乡麻柳村大队。

1951年2月13日，南溪县被划分为7个区，68个乡镇，383个村，1个县属镇，和平乡属第一区。同年6月4日，南溪全县开始进行土地改革工作，瀛洲岛属于麻柳村1队，由邱万林为党代表，主持瀛洲岛小组土改工作。1952年2月，南溪全县设立农业生产互助组，瀛洲岛余树清为当地互助组组长，主持全队生产。1956年和平、胜利两乡重新并入裴石乡。1958年，裴石公社成立。1984年4月25日，当地恢复乡、镇人民政府建制，改大队为村，生产队为村民小组，改裴石公社为裴石乡，瀛洲岛属裴石乡麻柳村1组。1985年，裴石乡政府驻地官桥，下辖13村87组。2015年12月，裴石"撤乡建镇"。2016年3月14日，裴石举行撤乡建镇挂牌仪式，裴石乡正式更名为"裴石镇"，瀛洲岛依然属于麻柳村1组。

第二节 自然地理

一、空间区位

在祖国西南部，金沙江就像一条巨龙，自西向东，穿越雪山峡谷，滚滚东来，在宜宾市与自北而来的岷江汇合，自此始称长江，四川人又亲切地称其为"川江"。在宜宾汇合后，长江一路向东，穿越了一片神奇的土地，造就了一座翡翠江城，这就是南溪，在撤县建区前，县人自豪地称之为"万里长江第一县"。在南溪县城东6.5千米处，长江穿过一个平凡的小镇，或许是对这方水土的不舍，在即将离开南溪的一瞬间，留下一颗璀璨的珍珠，这就是位于裴石镇的瀛洲岛，一座让人为之神往的小岛，人们亲切地称其为"万里长江第一岛"。后人建阁于其上，称为"瀛洲阁"。吟诗唱和于其上，临江赏月于其中，奇乎哉，天地精华；美乎哉，人文胜地！

从空间区位看，瀛洲岛所在地裴石镇，位于东经104°43′52″~105°5′32″，北纬28°41′46″~29°3′52″，正处于北纬30度神秘地带上。北纬30度，主要是指北纬30度及其上下波动5度所覆盖的范围。这一神秘的地带，不仅是地震、海难、火山、空难的多发地带，同样也是孕育四大文明古国的神奇地带。正是这一神秘地带孕育了宜宾灿烂神秘的僰人文明，也造就了瀛洲岛的千古传奇。

从交通区位看，瀛洲岛所在地裴石镇位于川南地区，该区域是沟通川、滇、黔、渝的中心地带，具有鲜明的大区域交通优势。在川南地区，南溪区位于宜宾、自贡、泸州三市"品"字型区域的中心地带，是三市的区位、交通之核心，具有强大的核心辐射优势。

从行政区位看，瀛洲岛位于长江裴石段江心，其所在地裴石镇濒临长江水道，西接南溪城区，东交江安县水清镇，南隔瀛洲岛与江南镇相望，北与留宾乡接壤。裴石镇政府驻地官桥，历来为官方驿站所在地，今凭国道G353带来的便利交通条件，成为南溪进入江安、泸州的交通要冲。

二、地质地貌

瀛洲岛地处江心，长期以来受地质运动、江水冲刷等影响，形成了独具特色的地质构造和地貌特征，其地质地貌既与南溪及川南地区的地质地貌相吻合，同时又呈现出自身特色。

（一）地质

南溪区位于新华夏系华蓥山帚状褶皱带西南端，南溪地质构造格局受该褶皱带制约，地表构造表现为生于燕山期的北东走向褶皱构造，背斜紧束，向斜宽阔，有规律地相间排列。

裴石镇属于宋家背斜褶曲地质构造，地层属侏罗纪地层。侏罗纪地层，在南溪区主要分布有自流井组、遂宁组、沙溪庙组。沙溪庙组为棕紫色泥岩、砂质泥岩，成片分布于长江以北的向斜浅丘地区。其中刘家、留宾、仙临多有分布，裴石镇居多。与侏罗纪并列的地层为第四系新老冲积层，该冲积层主要分布在裴石镇沿江村庄。

瀛洲岛地处江中，是江水长期冲刷而形成的，该岛地质属第四系新老冲积层。新冲积层地质以棕色砂、泥粒为主，在长江两岸的漫滩地多有分布，呈带状或扇状，以西域坝、机耕坝、中坝、谢家坝和底坝为主要分布区，黄沙河和龙滩河两岸亦有零星分布。而老冲积层为黄色砂泥、砾石土，集中分布于长江两岸台阶地内，离河道较远，其中以东风坝、芦庭坝和江南镇新塔、登高村分布较为集中，桂溪、南溪街道办、阜鸣、裴石等乡镇沿长江两岸的村组有零星分布。其中裴石的临江、中坝及瀛洲岛所在的麻柳村都属于长江沿岸新冲积层漫滩地，而较远的油房等村属于老冲积层台阶地。

（二）地貌

南溪区境受"四川地质运动"的影响，加上长期被水冲刷、剥蚀，形成以丘陵为主，间有平原、高丘、低山的地貌。南溪区海拔为254~592米，相对高差338米。其中，平坝海拔高度在300米以下，面积约16 913.45公顷，占全县总辖区面积的24.01%。它主要由东风坝、谢家坝、芦庭坝、中坝、西城坝、东门坝、机耕坝、底坝、百里冲槽谷等组成。

裴石镇海拔为254~400米，地貌以低山、浅丘为主，其余地区则沿低山分布，其中尤以高库村乱石山地势最高。鸡叫山、雷打石、天生桥等都是该区域较为著名的山地名胜。马湛溪经漆家沟，流入长江，形成了麻柳坝。海棠堰（官桥河）源自天马山，经大龙凼、白滩子，至官桥、普门坝，与黄龙溪汇合后流入长江。普门坝一带，受河水冲刷形成了平地，适合农业生产。

长江中有众多的江心岛，川渝境内多称之为"岛""坝"，两湖地区多称之为"洲"，江浙地区多称之为"沙"。虽然称呼不同，但从外形来看，它们都是江心小岛，是典型的平坝地貌。以瀛洲岛为中心的长江两岸多为冲积漫滩地，海拔在300米以下，地势平整，适合农业生产，也属于典型的江心平坝。

三、水土气候

（一）土壤

受地质构造和地层分布影响，南溪区土壤主要有水稻土、潮土、紫色土、黄壤土四个土类。

水稻土主要分布在长江两岸和丘陵沟冲，在该土壤上以生产水稻为主。

潮土主要分布在长江沿岸一、二级台阶地和县内小溪河两岸。潮土是由第四系近代河流新冲积母质发育而形成的土壤，含矿质养分丰富，风化度浅，肥力好，耕性好，宜种性宽，土地利用率高，是全县蔬菜和经济作物生产的主要土类。

紫色土，是紫色岩石风化后发育形成的，广泛分布于丘陵区和高丘区。风化度浅，宜种性宽，含矿质养分比较丰富，是全县生产粮食和经济作物的主要土类。

黄壤土，主要分布在长江沿岸二、三级台阶地，其中尤以青山岭分布最为广泛，主要适合种植经济林。

裴石镇境内土质多样，四种土类皆有分布。其中，水稻土主要分布于中坝、麻柳、临江等村（社区）；潮土主要分布于马湛溪、官桥河两岸；紫色土主要分布在镇内的低丘、浅山等地；黄壤土主要分布在雷打石、乱石山等地势较高的山地。

瀛洲岛长期受江水冲刷，大量泥沙在瀛洲岛及江岸沉积，其土质与上述四种土质不同，为典型的壤土，特别适合种植水稻、蔬菜、土烟等农作物及经济作物。

（二）气候

南溪区为亚热带湿润型季风气候，年平均气温18℃。近年来，随着全球气温变暖，南溪区年平均气温呈升高趋势，全年最高气温一般出现在7、8月份，最低气温出现在1月份，基本无酷热酷寒天气。

据2000年版《南溪县志》，1986—2000年，南溪年均降水量为1 003.5毫米，年际变化较大。其中1989年降水最多，达1 300多毫米；1994年最少，仅752毫米。四季中，夏季降水最多，冬季最少，呈现"冬旱春旱，夏多洪涝，秋雨绵绵"的降水特点。

裴石镇气候、降水特征与南溪区基本一致，由于裴石临近长江，瀛洲岛位于江心，每年春秋之际，瀛洲岛气候温和、万物复苏，是居家、携友游览的胜地。但每到夏季，尤其是洪水暴涨之时，瀛洲岛位居江心，易受灾害。据统计，在1966年和1991年，南溪全县普遭风雨袭击，县城四面环水成为孤岛，瀛洲岛全部被淹。尤其是1991年，暴雨历时6天，长江洪峰最高水位达264.5米，裴石乡前进村、麻柳村、中坝村、临江村受灾严重。裴石乡组织紧张抢险，其中紧急转移瀛洲岛群众70多人，有28人因转移到瀛洲阁救生高台上而获救。

在面临暴雨洪水侵袭的同时，裴石也会发生冰雹、暴风等灾害。如1990年8月8日凌晨，裴石乡遭受冰雹灾害，裴石处于降雹中心，麻柳村瀛洲岛亦受灾严重。1994年8月6日下午，南溪县内部分地区遭受暴风灾害，风力8级，其中瀛洲岛上吹坏草房30间，吹断竹木150余根。

（三）河流

裴石境内最大河流为长江，长江干流自石鼓乡大石包入境，途径石鼓、罗龙、桂溪、马家、江南、南溪街道办、阜鸣，流入裴石，自西向东横穿裴石镇境。长江在南溪的流程为41千米，天然落差11.2米，江面宽500~1 200米。位于江心的瀛洲岛，正把长江一分为二，靠近南岸为大江，北岸为小河。雨季时，小岛被江水环绕，宛若一艘舰艇；枯水季，小河干枯，从北岸便能顺河而下，踩着沙石进入岛上。

除长江外，裴石的主要溪流还有马湛溪，它源自龙宝山，经漆家沟、望龙山流入，最后在麻柳村9组汇入长江。海棠堰（官桥河），源自天马山，经大龙凼、白滩子、出官桥、普门坝会黄龙溪后，注入长江。

裴石镇水利设施较为完善，有溪河5条、小（Ⅱ）形水库3座、山坪塘86口，蓄水117万立方米。其水域构成多样，水域面积广大，主要分布于长江北岸村落及境内溪流两岸。

四、码头交通

（一）交通线路

南溪区位于长江北岸，自古以来水陆交通便利。在现代交通工具未出现前，以南溪县城为中心，分水陆两途，将南溪与周边各县及全省乃至全国紧密联系在一起。陆路主要有六条主干道：东由裴石铺经江安县水清铺、四面山、南井到达泸县；东南由外留宾经江安县木头灏到达江安县；南由马家场经长宁县安宁镇达双河镇，再到长宁县城；西由罗龙镇经李庄镇达宜宾市；北由刘家场经大观镇达富顺县；或由仙临场经毛桥、石灰溪达富顺县；东北由长兴场经富顺县飞龙观、赵化镇达隆昌县。其中，陆路六条主干道中，东路必经裴石以到达江安、泸州乃至重庆，是南溪东出的必经之地。

长江从宜宾逶迤而来，从南溪区石鼓镇大包石进入南溪境内，流经南溪城区后，一路东下，进入裴石境内。由于水路交通便利，以南溪为中心形成了一个立体水路运输网络。水路运输分长线、短线。其中，长线主要是南溪至宜宾段，南溪至泸州、重庆段；短线主要是南溪至观音阁、江安木头灏，李庄至罗龙镇及宜宾等。除此之外，在大江两岸还有固定的横渡线路，尤其是逢集期，横渡路线有南溪西门码头开至对岸丁丁石、麻柳村开至木头灏、石鼓镇开至李庄镇、灌口码头开至南溪等。

裴石镇是长江下游人流、物流进入南溪、宜宾的首站和必经之地。这里得水利之便，水陆交通便捷，尤其在沿江村落，大小码头林立，各种船只往来其间，犹如一幅水上清明上河图。

（二）南溪码头

南溪沿长江两岸有众多码头用来停靠船只，其功能是装卸货物、方便游客上下船等。同时在长江沿岸，人们还设立了很多义渡，义渡主要靠公田、募捐维持。1985年版《南溪县志》记载："长江沿岸常年有专业性渡口13个，1982年义渡和常年性专业渡口发展到35个。"众多的民众从事着与航运相关的工作，航运业成为百余年来南溪最大的经济产业。

南溪的主要码头有：东门沱码头、西街码头、广福门码头（见图 3.1）、文明门码头。东门码头于 1994 年、1996 年进行了两次改建，主要担负金属矿石、非金属矿石、化肥、农药、化工原料及制品等资源的进出口。2000 年的统计资料显示，其年吞吐量为 61 万吨，可泊千吨级船舶。西街码头主要担负矿建材料和木材、砂石等资源的进出口，截至 2000 年，其年吞吐量为 28 万吨，目前主要是客、渡运码头。广福门码头是专一航运公司的客运码头，每日有一客轮往返于南溪和宜宾，该码头也担负着南溪城区内的部分客运。目前广福门码头还是江南镇与南溪居民往来的重要水上交通工具。

图 3.1　广福门码头

（三）瀛洲码头

这里并不是说瀛洲岛是一个码头，而是借瀛洲之名，将其附近的相关码头进行整体介绍。从地理区位看，瀛洲岛是长江进入南溪及宜宾的首站，大江上下，舟楫往来，必经瀛洲岛。同样，附近一带长江南北两岸居民往来，同样需要经过瀛洲岛，无论从宜宾至泸州、重庆的长江水道大空间看，还是从以瀛洲岛为中心的小区域看，瀛洲岛都是天然的沟通周边区域、链接周边码头的中心。

以瀛洲岛为中心，从南溪城区沿长江水路一路下来，险滩频生，行船尤为困难。如南溪城东 1 千米北岸江边，有龙腾山下的九龙滩，清人描述其为"九龙之潭，石如鳞甲"，行船至此，困难异常，事故频发，后经多次整修疏通，通航条件现已大为改善。其下不远处为位于瀛洲岛上游西北端的铜鼓滩，水石相激成声，响如铜鼓，波浪极险。清人用"铜鼓怒涛"形容此滩险要。往下游走，是位于瀛洲岛隔江相望的南岸山腰的观音石龛。因附近铜鼓滩波浪极险，时有行船事故，所以乡人筹资捐建观音石龛，乞求来往船只平平安安。瀛洲岛沿江一路向下约 1 千米处为大中坝，为江中半岛。沿大中坝东下，在其内河北岸为木头灏，是古老的水陆码头之一，也是江安、南溪两县交界处。

近代以来，随着长江水道的兴盛，沿江各村多借助近江之便，从事拉船、跑船生意。据麻柳村刘世宽介绍，当地的李家是绞船的，买下很多船只，然后向外出租或亲自压船，当时有 20~30 吨位的小船 20 多只、50 吨位的大船 5 只。刘家是拉船的，一般是下游到重庆，上游到屏山县新市镇，主要跑金沙江、长江一带。若是从宜宾出发拉船，歇脚的地方依次是南溪或江安、泸州、合江、重庆、万县（今万州）。开船时，要到王爷庙祭拜后，方可行船。当时有长船、短船之分，长船是长距离拉船，短船是在一个固定的地方帮忙拉船。刘氏家族的人既拉长船也拉短船。短船一般在南溪九龙滩。关于九龙滩有一个谚语"富顺才子内江官，南溪打坏了九龙滩"。九龙滩滩多水浅，大船必须靠人力拉过去，这时会有固定的领头人，被人称为"滩头"。有了生意，滩头去谈好价钱，就有人帮忙将船拉过滩。

瀛洲岛作为江心岛，四面环水，虽然岛上户数不多，但每家都有一条船，无论是出岛还是上岛，船只都可随意停靠，并无固定码头。但为了给船家一个停靠的指向，当地人一般在较大的停靠点会设立一个标志，甚至还起个码头的名字。如余明坤家上首的吞口码头，因岸边有个吞口雕像，上面写着"阿弥陀佛"四个字（见图 3.2），保佑进出船只平安，大家称之为"吞口码头"。再如邱家码头，因为附近有邱姓人家居住，故得名。以瀛洲岛为界，将长江分为小河大河，以大小河为界，瀛洲岛上停船点分别有若干处。小河边（从上水到下水）依次为：丫口头、鹅颈子、倒头水、滩头上、潮地头、麻岭头（吞口码头）、邱家码头、下湾、坝尾上。大河边（从上水到下水）依次为：粮米埂、铜鼓灏、大河边、上八字、下八字、石滩滩。

图 3.2　吞口码头旁的吞口雕像

第三节　川江咽喉

一、川江航道南溪段

所谓川江，指的是四川宜宾三江口至湖北宜昌南津关之间的长江上游河段，因大部分在四川（含原重庆）境内而得名。蜿蜒在四川盆地南缘的川江接纳了岷江、沱江、嘉陵江、乌江、赤水河几大支流，水量较之上游的金沙江多了数倍，因此水流湍急，行船甚宜，自古是入蜀或出川的重要航道。

川江航道南溪段，目前由长江宜宾航道局南溪管理处负责建设、管理、维护。

民国版《南溪县志·舆地·水道》记载：

大江北岸，江流自宜宾县来，由江北距县八十里之葛公沱入境，至距县二十里之黄龙溪出境，流经北岸者三十三处：葛公沱、课税坝、麻柳沟、仙人场、李子沟、三江碛、桂轮渡、大石包、㷫溪口、凉亭子、杨柳箐、罗龙场、虾蟆口、郭家坝、谢家坝、牛项口、槐子滩、鹭鹚碛、烂泥坝、县城、龙穿碛、大溪、观音阁、九龙滩、纳沙窝、麒麟荡、瀛洲阁、麻柳湾、马湛溪、上中坝、中中坝、石城墙、黄龙溪。

江南，由距县七十五里之水流溪入境，至距县三十里之伞溪口出境，流经南岸者三十七处：水流溪、蛇角溪、高石梯、金堆盘、沱角头、李庄镇、三溪口、莫家坝、黄家坝、鸳鸯濑、九索子、苦竹垭、菜子地、鼎锅湾、手巴岩、柏木溪、花滩子、沱角头、石笋、金堆子、两河口、合璧窝、灌木岩、灌口、独珠窝、沙湾头、丁丁石、半月池、总碛坝、滩子口、于公庙、铜鼓滩、野猫溪、拖泥濑、老鹰岩、沙嘴、伞溪口。

1949年后，南溪行政区划多次调整。目前，川江航道南溪段，西自石鼓乡大石包入境，经南溪向东流至登高乡（现属江南镇）伞溪口入长宁县境。南溪区内流程40千米，平均比降为0.28‰，天然落差为11.2米。枯水期航道深1.8米，宽60米，曲度半径为400米。

川江航道南溪段，原有过兵滩、筲箕背、九龙滩、铜鼓滩等著名险滩。中华人民共和国成立前，尤以筲箕背最为险要，经常翻船。中华人民共和国成立后经多次整治，各险滩通航条件大为改善，现在以铜鼓滩较为险要（见图3.3）。

图3.3 铜鼓险滩

南溪裴石镇，濒临长江，黄金水道穿越境内三个村社（前进、麻柳、临江），长江水路有两个客运码头。长江裴石段全长4千米，北岸自南溪街道九龙村石望溪河起，止于江安县木头濑，由西向东经裴石向南流过。

长江从南溪流过，裴石境内瀛洲岛是必经之地，且瀛洲岛隔江相对的铜鼓滩是川江著名险滩，因此，瀛洲岛可谓川江咽喉。

二、铜鼓滩行船事故

清乾隆四十五年（1780 年），浙江进士钱载，曾奉命入蜀祭祀山川，途经南溪铜鼓滩时遭遇险情，官船部分进水，后来他题诗二首以纪念其事。

民国三十一年（1942 年）九月底，"陪都民食供应处宜宾接运处"负责运输大米的船只，在南溪瀛洲岛附近"失吉"（失事）。

1987 年 2 月 11 日 10 时许，泸州航道部 1214 艇例行航道检查，返回到铜鼓滩时，因遇雾紧急靠船，操作失当造成船艇翻沉，1 人死亡。此次事故造成直接经济损失 3.75 万元。

1990 年 10 月 31 日上午，"江安 10 号"轮从江安开往宜宾，驶进瀛洲航段南岸鲁班石处时，船长发现一小船从北岸瀛洲岛西流内推出，即用高音喇叭呼叫小船不要推出，而轮船自身未减速。裴石乡村民郭洪驾驶小船急于过河，被轮船余浪击沉，除 1 人获救外，郭朝芬、郭洪下落不明。

1993 年 2 月 18 日 10 时 20 分，南溪县境内铜鼓滩发生沉船事故，船上 3 人落水，两人生还，1 人下落不明，造成经济损失 5.5 万元。

第四节　楼阁兴废

一、明清及民国时期共五次兴废

广义的、普通的"瀛洲阁"，指的是以瀛洲楼阁为标志的江中孤岛（也称瀛洲或瀛洲岛）。狭义的、特指的"瀛洲阁"，指的是建于这个江心岛上的瀛洲楼阁。本节所指即后者。

对于瀛洲阁，民国版《南溪县志·舆地·胜迹》详细记载如下（见图 3.4）：

在县东江心洲中，明建阁其上，历久倾圮。

清乾隆二十四年，知县王凤临、王采珍率士民捐资创建，阁凡五层。五十三年大水，冲圮。

道光十七年，知县翁绍海重修三层，上祀奎宿，额题"中流砥柱"四字。

光绪十年，知县雷尔卿复增高二层。此地夙为县人游赏之地。当秋景澄清，残霞弄影，孤蟾浮天，波澜万顷，水月交映，如一片琉璃，朗然空洁。"镇澜夜月"为县八景之一。三十一年大水，文昌祠圮，阁旁土为狂澜冲刷，陷为深坑。阁势渐欹。

民国八年四月大风，阁仆。十七年县人谋修复之，方砌石固基，尚未从事于建筑也。

图3.4　民国《南溪县志》对瀛洲阁的记载（部分）

综合以上县志记载，并参阅清代乾隆时何毓聪《建修瀛洲阁碑记》、清代光绪时包弼臣《南溪增修瀛洲阁记》（二文详见本书"艺文荟萃"部分），可知瀛洲阁在中华人民共和国成立前共有五次兴建与损毁。

【第一次兴废】

瀛洲阁于明代始建，历久损毁。

南溪县先后修建于明代的寺庙宫观建筑，可能有近百处，显示出明代南溪社会安定、经济繁荣。因此，南溪瀛洲阁大约始建于明代中叶（具体时间无记载），但瀛洲阁经历明末清初的大动乱，到清代乾隆初年时已经损毁得让人不忍直视了。

【第二次兴废】

瀛洲阁第二次兴建始于清乾隆二十三年（1758年）三月，建成于乾隆二十四年（1759年）八月，知县王采珍、王凤临先后率士民捐资创建，阁共五层，前建牌坊，后建文昌祠三层，左右厢房各三间。乾隆五十三年（1788

年），楼阁及附属设施被大水冲毁。

本次重修乃几任知县和南溪士民的宿愿所归，过程则曲折多磨。高有怀，江西人，拔贡生。陈大韶，湖北人，拔贡生。乾隆十年（1745年），高陈两人先后任南溪知县，均倡议重修明代古迹瀛洲阁，但两人均于集体商议阶段之时离任，留下遗憾。此事虽搁浅，但起了一个好头，高、陈二公的首倡之功也是值得肯定的。

王采珍，山东滨州人，进士，乾隆十七年（1752年）至十九年（1754年）、二十二年（1757年）任南溪知县，积极倡议重建瀛洲阁。王凤临，关东人，乾隆二十三年（1758年）至二十四年（1759年）任南溪知县，更是捐银三百两，大力倡建瀛洲阁。时有南溪尚义之士杨安邦、高商玉、包鸿（南溪包氏开基始祖包国栋长子）、李大中、曾逵章、李文蔚，纷纷捐钱，统一购买明代楼阁遗址周围土地，除重修扩建瀛洲阁占用一些土地外，其余土地每年租银都用作瀛洲阁后续维护费用。毕竟，瀛洲阁是"仙源古岛""治东要区"，楼阁经过本次大型重修，自然成为南溪美景，士民乐游之所。"自是，登临其地者，俯仰之际，目旷神怡，将不禁舞雩崇德之感、文明益盛之思。"

本次大型重修是瀛洲阁历次重修中规模最大、所修配套设施最完整的一次，但也是修好后的楼阁存世最短的一次，因为在30年后（乾隆五十三年，即1788年）楼阁就被长江大水冲毁了，特别可惜。

【第三次兴建】

清道光十七年（1837年），南溪知县翁绍海重修三层楼阁，其上祭祀奎星，匾额题写"中流砥柱"四字。

翁绍海，字寄塘，江西新城人，道光十四年（1834年）至二十年（1840年）任南溪知县，卓有政声。他主持重修的道光二十年刻本《南溪县志》，于正文前刊印了"瀛洲阁图"，这是迄今为止唯一留存于世的古代瀛洲阁图，十分珍贵。

【第四次兴建】

清光绪十年（1884年），南溪知县雷尔卿又将瀛洲阁增高二层，恢复为五层。

雷尔卿，字乙垣，陕西朝邑人，先后四次任南溪知县，共14年，政绩显著，光绪十二年（1886年）逝于南溪任上。光绪十年（1884年），在道光十七年（1837年）时任南溪知县翁绍海重修三层楼阁的基础上，雷尔卿将楼阁再增高二层，恢复为乾隆二十四年（1759年）的五层规模。这是南溪民生大事，不可无文传世。本来，雷尔卿的文章书法也是很漂亮的，但雷知县心中最钦佩南溪籍晚清著名碑学书法家包弼臣，因此，雷知县备下厚礼，恭请德高望重的包弼臣先生撰写瀛洲阁重修序文。包老夫子不负重托，《南溪增修瀛洲阁记》（八条幅木刻）一问世，文章书法双璧生辉，为南溪留下一大珍贵墨宝和一段艺坛佳话。包文指出，南溪瀛洲，自古形胜，独扼江心，颇具包储之富、钟毓之秀，乃士气民气所结，而雷知县增修瀛洲阁之举，实为"厚植士民之意""尤大有裨于养与教者也"。

【第三次损毁】

清光绪三十一年（1905年），一场洪水（民间称"乙巳大水"）冲毁瀛洲阁后的文昌祠，阁旁之土也被冲成深坑，楼阁渐呈倾斜之势。

自道光十七年（1837年）重修三层楼阁，光绪十年（1884年）再增修二层楼阁，到光绪三十一年（1905年）发大水，共计68年的风雨侵蚀，风烛残年的瀛洲阁战战兢兢，楼阁渐斜。这是自然法则，无奈之事。

【第四次损毁】

民国八年（1919年）4月大风，楼阁仆倒。

1905年受大水浸泡冲刷后，瀛洲阁拖着病躯，又坚挺守望了14年，终于在1919年的一场大风中轰然倒地，其碎片深深地扎入南溪人民的心中。

【第五次兴废】

民国十七年（1928年），南溪县人谋划修复瀛洲阁，开始砌石固基，但没建楼阁，此后唯余台基，长期荒废。

兵荒马乱、民不聊生的年代，能够谋划修复，砌石固基，就很不错了。虽然只有台基，但居民将其用于洪水救生、摊晒物品、堆土种菜，也未尝不可，算是物尽其用吧。不过这也只持续了较短时间，经60余年的时光，石质台基也渐渐荒废了。

二、新时期第六次兴废

在进入改革开放新时期后，1992年，瀛洲阁开始第六次兴建工程。

1991年8月10日，长江上游发生了20年一遇的大洪水，洪水位高达264.5米，瀛洲岛居民全部遭遇险情。亲自率众抢险救人的南溪县委县政府领导在洪灾之后，立即决定在瀛洲阁原址启动防洪救生高台旅游景观综合工程。工程于1992年春开始，1995年春竣工，总投资为17.26万元。建成后的瀛洲阁第一层是救生高台，高4.8米，建筑面积达313.36平方米，迎水面改方为圆，为条石砌挡墙结构；第二层为钢筋混凝土结构、歇山式屋顶、覆盖黄色琉璃瓦的仿古建筑，面积达 109.3 平方米（详见本志"艺文荟萃"之《瀛洲阁防洪救生高台工程回忆》）。

1995 年春，瀛洲阁楼阁竣工，历史上第六次成为南溪县人乐游佳所，一时盛况空前（见图 3.5）。

20 余年转瞬即逝。2017 年，瀛洲阁已经损毁严重，一半漏雨，成为危房，亟待维修（见图 3.6）。周边居民将其用于堆放渔船、杂物等。一批批慕名而来者，见此残景，只留下沉重的叹息和殷切的期盼。

图 3.5　1995 年竣工后的瀛洲阁

图 3.6　2017 年的瀛洲阁

第四章
JINGJI MINSHENG

经济民生

瀛洲

第一节 特色经济

一、沙金

瀛洲岛地处长江之中，长期以来，受水流冲击影响，来自上游的泥沙在此聚集沉积，成为典型的富含沙金之地。自清代以来，当地居民不断在此淘沙金。民国以后，政府开办瀛洲阁淘金厂，开启了官方采金的先河。中华人民共和国成立后，瀛洲岛一带依然是南溪盛产沙金之地，一直持续到20世纪90年代，出于对长江生态环境的保护，采金活动才被明文禁止。延续数百年的瀛洲岛采金活动，对南溪社会产生了极大影响，成为当地居民重要的经济活动之一。

【淘金档案】

清乾隆五十五年（1790年）起，翁霨霖任南溪知县达七年之久，其间创作《南广杂咏》二十四首，其中第七首是"瀛洲有阁峙江心，近为披沙浚渐深。小厂方船都逐尽，丁宁切莫再淘金"。诗尾自注："瀛洲阁为南邑要区，时有在此淘沙者，余力严禁。"此诗明确显示，一是瀛洲岛一带自古就是富含沙金之地，历代都有人在此淘金；二是翁知县曾经为了保护生态环境而严禁深挖淘金。

现存南溪区档案馆的四份民国公函档案（见图4.1）显示：

"民国二十八年（注：1939年）二月二十八日，四川省政府建设厅南溪金厂公函（金字第一号）——案奉四川省政府建三字第三一零二号训令开：'本府为增加黄金产量，充实抗战资源，安插入川难民，及救济各地贫民起见，特在南溪县瀛洲阁地方，组织省营金厂，所有该厂厂长一职，查有该员堪以兼任，除分令外，合行颁发简章及图记委状，令仰该员即便遵照前往克日组织成立，仍将成立日期暨组织情形连同印模一纸具报备查。此令。'等因，计发简章一份，委状一纸，图记一颗，文曰'四川省政府建设厅南溪金厂图记'。奉此，遵于本年三月一日到职视事，即日启用图记，以昭信守，除分别呈报，布告外，相应函请贵局，请烦查照，并希指导一切，以利进行，实为公便。"

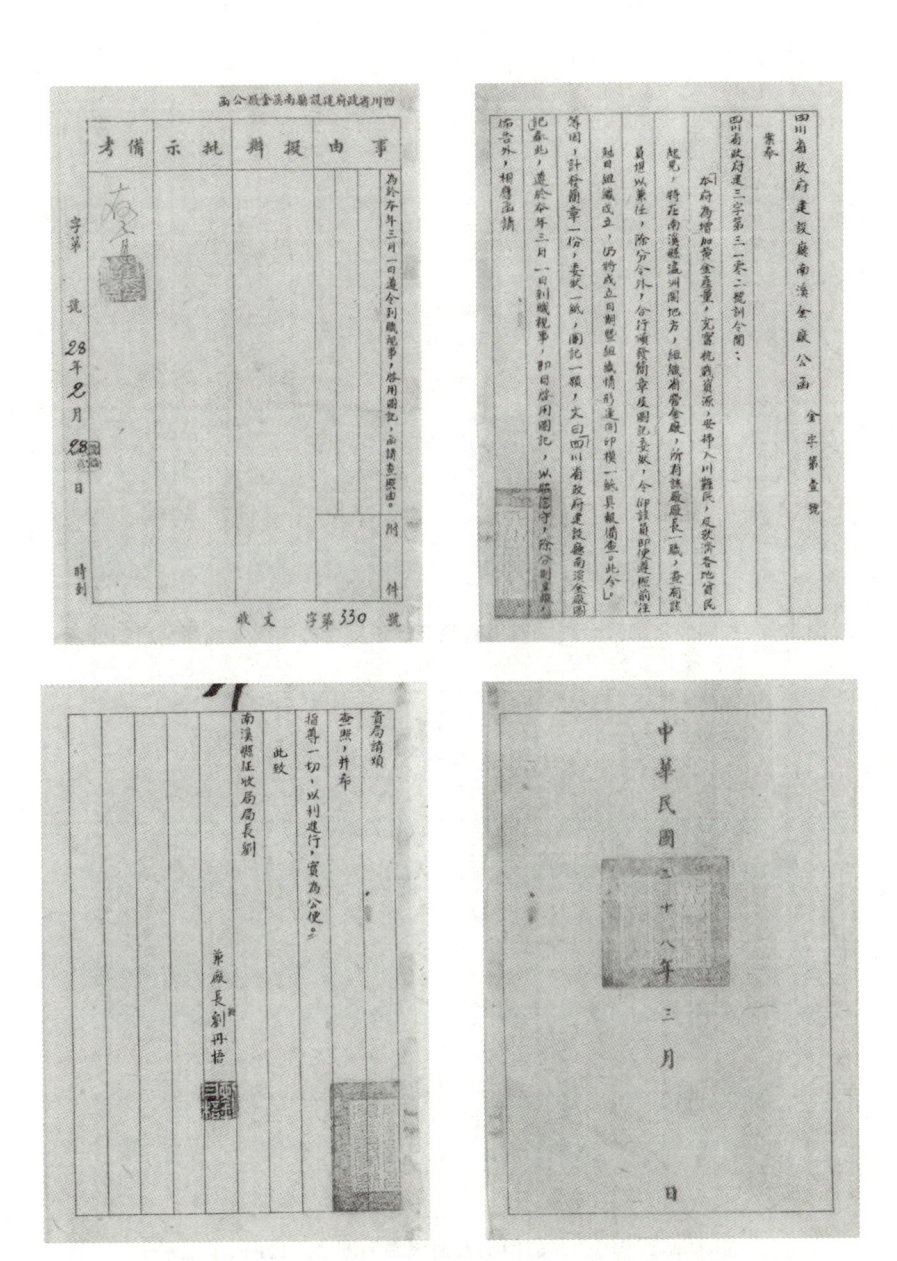

图 4.1 民国四川省政府建设厅南溪金厂关于厂长到职并启用图记的公函

民国二十九年（1940年）六月十三日，经济部采金局、四川省政府建设厅发出合办"南溪瀛洲阁采金厂"的公函，派汤绰为金厂厂长、谢无忌为副厂长（见图4.2）；同年七月一日启用"四川省南溪瀛洲阁金厂钤记"木质公章一枚（见图4.3）。

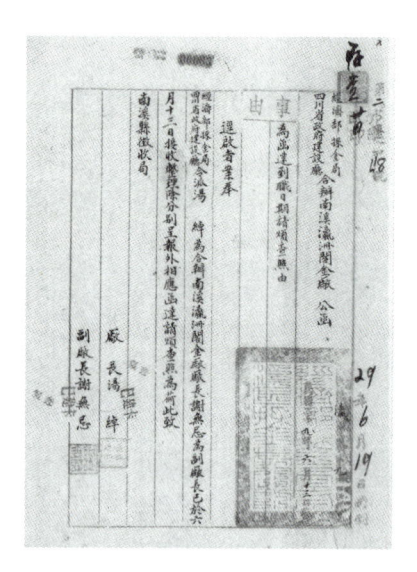

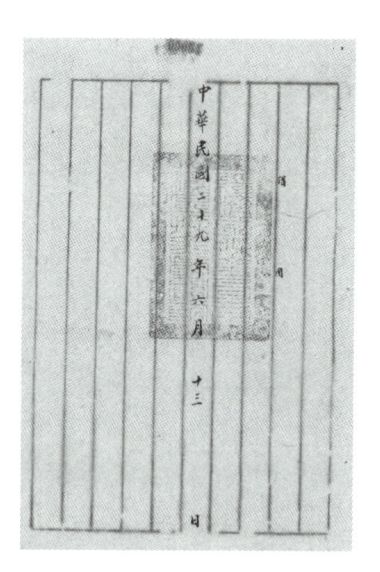

图 4.2 民国经济部采金局、四川省政府建设厅合办南溪瀛洲阁金厂的公函

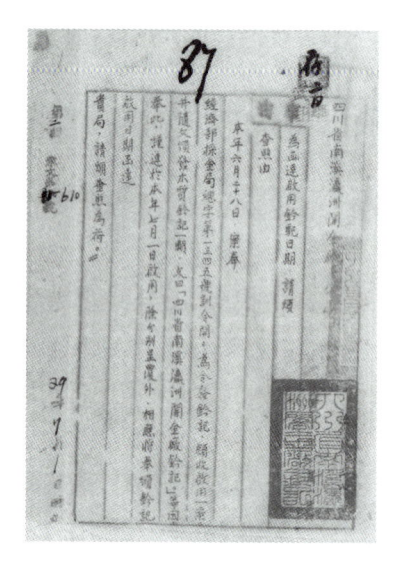

图 4.3 民国四川省南溪瀛洲阁金厂公函

民国二十九年（1940年）八月九日，四川省南溪瀛洲阁金厂发出关于拿获工犯胡海云及制卖干沙黄敬之送请罚办的公函。八月十一日，南溪县五金业工会发出关于声明银业工人黄敬之并无私售干沙嫌疑呈请察核示遵的呈文。八月十四日，南溪县政府颁发关于示禁县属各银楼及业银人等不得私制干沙出卖以假乱真破坏黄金市场一案的训令。十二月七日，四川南溪县司法处发

出关于胡海云的刑事判决书（瀛洲阁金厂第一队工头胡海云因侵占汞金，被判处有期徒刑6个月，伪金一粒、干沙一包予以没收）。

1992年出版的《南溪县志·工业》相关记载如下：

县境内沿长江两岸沙坝中有沙金，每年枯水季节都有人开采。民国二十五年（1936年），宜宾人冯永年由省发给采矿证在瀛洲阁淘金。民国二十六年（1937年）春，四川省建设厅成立瀛洲阁采金厂开采沙金，有摇金船300余只，雇请1000余工人，采金300余两（16两为1市斤）。民国二十八年（1939年）10月，国民政府经济部采金局设立南溪采金处，开采沙金。因造成沙石流失河床改道，遭地方人士反对，群起抗议，向县府请愿，并捣毁采金厂，土匪趁机抢劫。采金厂开办一年即停。民国三十年（1941年），采金处被迫迁乐山。

1957年，县工业公司开发外贸物资，组织31艘船只在沿江淘金，产金379.38克。20世纪70年代，工业局制作摇金船，支援无工具的社队，农业银行派干部管理淘金，摇金船发展到39只。银行提高金价，交售1两黄金奖售化肥50千克、布票1.67米、贸易粮50千克。1977年产金573.46克。党的十一届三中全会后，个体淘金者增多，产量有所增加。80年代始取消奖售，每交售1两黄金另给奖金15元。1981年产金2600.5克，1985年产金46.78克（1957—1985年累计产金12047.99克）。地区工业局奖给产金超过2500克的志城乡14吋黑白电视机1台。

1982年，经省批准在志城乡建黄金厂，投资15万元，历时1年建成，因资源不足，1984年停办。

【淘金概述】

金沙江、岷江经过长途跋涉，在宜宾三江口汇合后，首先流经南溪。此处江流渐缓，大量泥沙在河道拐弯处慢慢沉积下来，因此，长江上游南溪段沿江一线区域沙金丰富，其中尤以瀛洲岛附近区域的沙金数量最多、质量最高，历代多有民间淘金者或官方淘金组织聚集此地，淘金活动时断时续。清乾隆时南溪知县翁霍霖就曾在诗作中表明"余力严禁"，叮咛切莫再淘金。民国时期，国民政府允许甚至主动组织了三次瀛洲淘金活动：一是1936年冯永年持证淘金；二是1939年3月1日，成立"四川省政府建设厅南溪金厂"，在瀛洲岛组织淘金，厂长为刘丹梧；三是1940年7月1日，经济部采金局、省政府建设厅合办"南溪瀛洲阁采金厂"，组织淘金，厂长为汤绰（对于民国时淘金组织的名称及成立时间，1992年版《南溪县志》相关记载有误，本书附录中有关淘金回忆的文章也部分有误)。这三次淘金活动皆因地方人士反对、阻挠，或遭匪患，一两年内就被迫停止了。1957年及以后，南溪县工业局、农业银行先后组织并协助农民淘金、售金，实施奖售办法，提高农民淘金积极性。

中华人民共和国成立后，瀛洲岛淘金活动的高潮主要集中出现在20世纪70—80年代，主要组织形式是农民个体自由组合，主要生产方式是土法淘金（见图4.4），这些都是多次实践、行之有效的经验。南溪的淘金经验还曾在宜宾、泸州等地传播，得到上级肯定。当时沿江的几个乡村，如江南、登高、麻柳、临江、油房等，先后有数千人参加过淘金。可以说，瀛洲岛淘金在某种程度上改变了麻柳村周边居民的经济结构和生产生活方式。如今沿江附近乡镇60岁左右的农民，只要提起当年淘金的事，他们三分之一的人都能讲得头头是道、津津有味。不仅南溪本地人在南溪淘金，长宁、江安、屏山等邻近县的农民也来南溪淘金。因为那时大家都比较贫困，淘金虽然辛苦，但确实比做其他工作收入要高些。20世纪80年代末至90年代初，随着国家政策的变化，人们环保意识的增强，淘金活动就自然停止了，慢慢变成了一种历史回忆。南溪民俗馆展出的瀛洲岛淘金船子见图4.5。

图4.4 瀛洲岛土法淘金场景　　　　图4.5 瀛洲岛淘金船子

【淘金记忆】

1983年、1987年南溪政协主办的《南溪县文史资料选辑》第8辑、第16辑曾先后刊载4篇南溪淘金相关文章，现转载于本书附录中，供阅读参考。

二、瓜果

南溪瀛洲岛自 1996 年开始试种西瓜，2015 年成立瓜果种植专业合作社（见图 4.6）、办理营业执照，2016 年设立城区销售点（见图 4.7）、获得"瀛洲阁"国家注册商标（见图 4.8），2017 年获得农业部"无公害农产品"证书（见图 4.9），可谓一路开拓奋进，打响品牌，壮大产业，成为发展地方特色经济的一个成功范例。

图 4.6　南溪区瀛洲阁瓜果种植专业合作社木牌

图 4.7　瀛洲阁瓜果专合社销售点

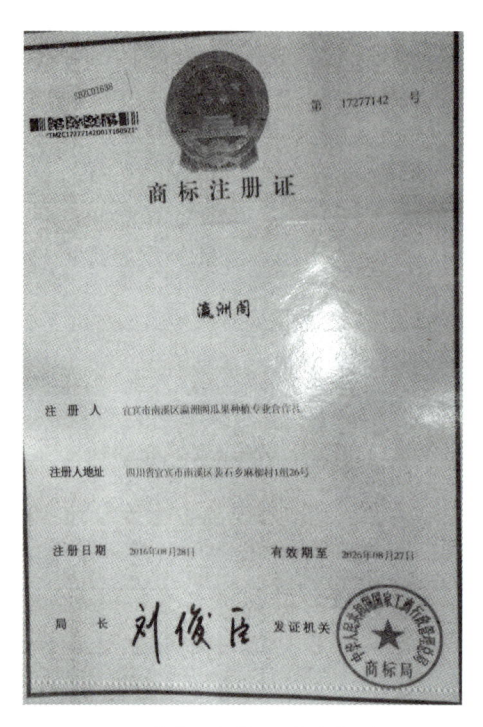

图 4.8　"瀛洲阁"国家商标注册证　　图 4.9　农业部"无公害农产品"证书

【天然优势】

瀛洲岛四面环水,每年长江汛期都会淹没部分河滩地。洪水消退后,会在岛上留下大量的河沙和鹅卵石。当地村民就用挖掘机对河滩地一垄一垄进行整理,西瓜、甜瓜就种在垄台上。每年汛期,岛上沙地都好像被"换洗"过一次一样,洪水为土壤带来了充足的养分,同时也大大减少了虫卵和病害,所以这里的瓜果都不使用化肥、农药,可谓无公害绿色产品。瓜果在鹅卵石堆里种植,阳光充足,日照时间长,昼夜温差大,所以瓜果甜度高、口感好、水分足。每年市场上的瀛洲岛西瓜、甜瓜都供不应求,瓜果种植也成为这里村民的主要收入之一。以 2015 年为例,当地种植的西瓜、甜瓜约 26.67 公顷,产量约 75 万千克,产值约 200 万元,26.67 公顷的瓜果 3 天就卖光了。

【发展历程】

1996 年,江安县人陈华富、李金成,到瀛洲岛租用沙滩地,首次试种西瓜成功。次年,瀛洲岛居民开始自己种植西瓜,之后,试种甜瓜也获得成功。

2015 年 5 月 5 日,"宜宾市南溪区瀛洲阁瓜果种植专业合作社"(以下简称"瀛洲阁瓜果专合社")成立大会在瀛洲岛余建明家召开。大会通过了章程，选举余建明为理事长、邱小平为执行监事。专合社成员27名，入股资金1.56万元。

2015年6月3日，南溪区工商行政管理局为瀛洲阁瓜果专合社颁发营业执照。专合社地址为裴石镇麻柳村1组26号，法人代表为余建明。

2016年春，"宜宾市南溪区裴石镇瀛洲阁专合社西瓜甜瓜批发零售部"在南溪城区南城市场挂牌，成为瀛洲产西瓜和甜瓜在城区的集中销售点。

2016年6月4日，"大南溪"微信公众平台联合瀛洲阁瓜果专合社，在南溪城区文化广场举办"吃西瓜奖西瓜比赛"（见图4.10）。

图4.10　吃西瓜奖西瓜比赛

2016年8月28日，国家工商行政管理总局商标局正式向瀛洲阁瓜果专合社颁发"瀛洲阁"商标注册证。有效期至2026年8月27日。"瀛洲阁"商标甜瓜见图4.11。

图4.11　"瀛洲阁"商标甜瓜

2016年11月,南溪瀛洲阁瓜果专合社法人代表余建明,经培训考核,获得农业部农产品质量安全中心颁发的"全国无公害农产品内检员证书",证书有效期:2016年11月至2019年11月。

2017年3月1日,农业部农产品质量安全中心为南溪瀛洲阁瓜果专合社颁发无公害农产品证书,准予该社在西瓜产品或产品包装标识上使用无公害农产品标识。该证书有效期限:2017.03.01—2020.02.29。证书编号:WGH-17-05384。

三、烟草

烟草,西南民众俗称叶子烟或者叶烟、烟叶,明代中期由菲律宾传入我国南方。清乾隆时南溪知县翁霆霖在其《南广杂咏》(见图4.12)系列诗中写道:

叶子烟高说是魁,轻盈装出火为煤。

可怜远道多香草,添得相思一寸灰。

诗尾自注:"本地多吃叶烟,装有一寸多高,其招牌则曰'烟魁'。"诗中"相思"为烟名。

图4.12 南溪知县翁霆霖《南广杂咏》(部分)

烟叶是南溪一大特产，当地民众多有吸叶子烟的风俗。南溪因水路便利，商贸发达，烟叶不仅在当地流行，还远销省内外。南溪种植烟草始于清代。宣统二年（1910年），全县种烟约566.67公顷，总产439吨。民国《南溪县志》载：大江北岸土含沙质，尤宜烟草，西自谢家坝，东至木头灏，农民遍种烟草。民国三十二年（1943年），南溪被列为省内十个产烟县之一，并说"南溪土烟，质佳味浓"，当年种植约63.33公顷，产烟71.9吨，每公顷约产1 135.3千克。中华人民共和国成立后除1960年至1966年烟叶种植面积小于66.67公顷外，其他年份均保持在66.67公顷以上。1985年种植246.33公顷，总产549.7吨，每公顷约产2 231.6千克。

南溪烟叶主产于大江北岸，尤以裴石镇麻柳村、中坝社区、临江社区所产的烟叶最佳。长江水涨，沿江沙地等于每年自然"换洗"一次，这恰好是种植烟草的先决条件，因为烟草种植讲究不重地，即不能每年重复使用同一块地种烟。此外，当地土壤肥沃、土质松软、水分充足、日照充分、气候温润，也宜种烟。

因此，麻柳村瀛洲岛河沙地种植的烟叶（见图4.13），被民众称为河烟，具有劲大、味纯、灰白、稳火等特点，远销各地，成为抢手货。种植烟草虽然经济效益可观，但工序繁杂，工作量大，技术性高，油腻脏手，所以，在最近十多年来，随着居民外出打工和经济结构的转型，瀛洲岛种植烟草的人逐渐减少了。

图4.13 瀛洲岛烟叶

四、渔业

瀛洲岛居民生长在长江边,都是水上渔家(见图 4.14),每家至少有一条船,或人力,或机动。除了驾船出入外,船只主要用于闲暇时捕鱼。捕到的鱼或自家食用以改善生活,或到市场销售以补贴家用(瀛洲岛渔船见图 4.15 和图 4.16)。

图 4.14　水上渔家(李永德 摄)　　　　图 4.15　瀛洲岛岸边的渔船

图 4.16　瀛洲岛民居后的渔船

瀛洲岛附近江中的鱼类,除了常见的草鱼、鲤鱼、鲢鱼之外,最有地方特色、味道最美、最珍贵稀有、最具经济价值的主要是黄辣丁、江团、玄鱼子(即中华沙鳅、水密子)等。瀛洲岛所产出的鱼类,被美食家们总称为河鱼,以区别于山塘池水养殖的鱼,其味道特别鲜美,毫无泥臭,经济价值自然就高几个档次,黄辣丁、江团每 500 克售价在百元以上,玄鱼子每 500 克售价可达 250 元。

瀛洲岛渔民的渔具，一般有渔船、手网、套网、滚钩等。以前从省轮船公司退休的邱银山、中年渔民余建明等，都会使用多种渔具，捕捞经验丰富，可算当地捕鱼高手。

2016年修订的国家《渔业法》规定，合理捕捞，保护、增殖和开发渔业资源，促进渔业生产的发展；天然水域的禁渔期为每年的3月1日至6月30日（原为2月1日至4月30日）。2016年起，政府为每户执业渔民发放一次性禁渔期补贴3 000元。

在南溪区畜牧水产局、水务局等相关渔政部门的规范管理下，瀛洲岛渔民遵纪守法，勤劳作业，2017年有持证渔业户（副业）12户，每户渔民一年一般有1万~2万元的渔业收入。

五、其他

（一）人渡

瀛洲岛濒临长江，汛期更是四面环水，成为孤岛。因此，长江两岸人员日常往来，只有依靠渡船过河。瀛洲岛在汛期横渡北岸，一般是在吞口码头、和平场码头之间往返。瀛洲岛四季横渡到南岸，一般是在大河边码头、鲁班石码头之间往返。鲁班石码头是经南溪航运部门批准的横渡瀛洲岛的渡揽站，瀛洲岛居民余明坤等近十人，曾先后在此固定从事人渡工作（见图4.17）。

图4.17 瀛洲岛码头的人渡工作

（二）渔家乐

瀛洲阁楼台1995年基本竣工之后，此地游人迅速增加，岛上曾有两三家

"渔家乐"开办（见图4.18），当时生意较好，特别是"三八"、国庆期间的春秋郊游，更是座无虚席。但毕竟此地交通不便，没有固定船只到南溪城区，汛期又要隔河渡水，在鹅卵石滩上行走又步态不稳，因此，2000年后，几家"渔家乐"都因客源不固定、生意不好而相继停办。

图4.18　办过渔家乐的瀛洲岛民居小院

第二节　姓氏人口

一、人口数量

在2011年开始的宜宾纸业项目拆迁安置"农转非"之前，麻柳村共有688户，2 786人。截至2017年年底，麻柳村共有225户，728人（农业人口），其中瀛洲岛有26户人家，共119人。据说以前岛上只有余和胡两姓，因为余同"鱼"，胡同"浮"。姓石和姓陈的人，都不能在岛上居住。现在岛上有119名村民，只有余、邱、郭三姓。随着家族发展，姓氏增多，岛上人丁逐渐兴旺。瀛洲岛人口数量自清代以来，增长缓慢，经历了一个动态变化的过程。

瀛洲岛明代是否有居民定居，已不可考。明末清初，因战争、自然灾害、瘟疫等原因，南溪县人口锐减，康熙三年（1664年），南溪县城劫后余生者仅7户。明代居住于裴石镇的叶氏、杨氏等家族也相继逃亡他乡。清初以来，随着政权的稳定，清廷采取了招抚流亡、移民填川的政策，一时之间，来自湖北、湖南、江西、福建、广东、陕西等省的移民相继来到南溪、裴石。在这一背景下，原籍江西上犹县的余自芳，携妻申氏，子秉松、秉茂，跋涉入川。一同前来的还有他的堂弟余自超及妻蓝氏，子秉纲、秉常、秉伦。余自超一家定居四川江安县后，还将其父亲余文旺、母亲古氏的骸骨迁葬于江安县。余自芳则在南溪县裴石余家坝定居，繁衍后代，去世后，葬于纳沙窝。

余秉松、余秉茂兄弟二人，分别生余现、余珧二子。其中，余现生于乾隆己酉年（1789年）六月初十日，在四川南溪县留宾里小中坝出生；妻曹氏，生于乾隆辛亥年（1791年）二月，在南溪在城里北门城外生。余现夫妇生一子腾儒，后又生二女。此一支后来搬离瀛洲岛，族谱中并未记载其后裔情况。

余珧，生卒年不详，生腾明、腾良、腾舜、腾辉四子。腾字辈兄弟四人后来陆续迁居瀛洲岛，并演变为瀛洲岛余氏四大房。长子余腾明，妻苟氏，子高品、高扬、高栋。次子余腾良，妻苟氏，子高林、高俊。三子余腾舜，妻薛氏，子高荣。四子余腾辉，妻刘氏，子高陞、高淮、高恩、高美、高泽。余高泽生于咸丰乙卯年（1855年），妻刘氏，生于道光庚戌年（1850年）。因此，截至咸、同年间，瀛洲岛主要为余家所居住，余家在此生活已历五代，其男丁及媳妇先后达50余人。

近代以来，余姓族人不断繁衍增多，约在清嘉庆年间，邱洪休从骑马村白滩子迁居瀛洲岛，邱洪休生二子：玉江、玉海。二子分别生汝富、汝瀛。后生崇柄、崇清、崇林、崇荣四人，瀛洲岛邱氏遂分为四大房。20世纪40年代，郭树清与邱德琼结婚，遂迁居瀛洲岛。1949年，瀛洲岛上的人口第一次达到顶峰，约100余人。中华人民共和国成立后，随着人口政策的放开，瀛洲岛人口迅速攀升，在1972年达到120余人，后来一些居民陆续搬走，岛上人口基本控制在100人左右。至今日，岛上居民方才达到119人，但由于年轻人长期在外务工，岛上长期只有老幼人口70人左右。

二、人口流动

瀛洲岛面积不大、土地资源有限。近代以来，岛上人口逐渐增多，当人口总量超出土地资源的承载能力时，部分居民会搬出，在外谋生定居。因此，数百年来，瀛洲岛人口与土地等资源一直处于相对平衡的发展状态中，这也避免了因人口增长,向瀛洲岛过多掠取资源而导致生态环境的破坏,从而为我们留下了一个环境优美的小岛。由于资料匮乏,对瀛洲岛人口流动的考证十分困难,现结合族谱及村民回忆,将瀛洲岛人口流动情况粗略阐述如下。

瀛洲岛余腾明、余腾良、余腾舜、余腾辉四房后裔并非一直居住于岛上。据余氏《生庚簿》载,二房余腾良,乾隆甲寅年(1794年)生于在城里(注:当时瀛洲岛属在城里管辖,在城里包括今天的南溪街道办、裴石镇等地)瀛洲岛,妻苟氏,子高林、高俊。其中,长子余高林于道光年间迁居在城里麻李塆,生升连、升富两子,后裔居住于麻李塆。四房余腾辉,嘉庆壬申年(1812年)生于留宾里麻李塆,妻刘氏,生子高陞、高淮、高恩、高美、高泽。其中,三子余高恩,道光壬寅年(1842年)生于下高熊里,妻吕氏,子升有、升乾、升坤。其后裔于同治年间迁至南溪县城顺城街及下高熊里居住。

邱氏家族自清朝末期迁居瀛洲岛后,至第四代,分为崇柄、崇清、崇林、崇荣四房。其中长房邱崇柄,生德兴、德荣二子,长子德兴于民国末期,迁至四川夹江定居。

中华人民共和国成立后,瀛洲岛居民有三次规模较大的流动。第一次是1951年10月至1952年2月的土地改革时期。这一时期,瀛洲岛作为麻柳村1队,与2队、3队组建为一个大队,集体在一个食堂吃饭。由于瀛洲岛人多地少,当时人口达80余人,土地分配不均,因此将岛上部分居民迁至瀛洲岛外的麻柳村其他村民小组定居,并分配土地。当时迁徙出去的有邱小平、余明才、余治安、余明德、余海山等户,约20多人。据《南溪邱氏族谱》载,邱崇柄次子邱德荣,1927年4月生于裴石乡麻柳村1社瀛洲岛,1951年前往麻柳村4社定居,1997年故于麻柳村4社,葬于新建村5社顶锅山。

第二次是1972年。在1951—1972年的20年间,由于鼓励人口增长,瀛洲岛人口接近100人,再次趋于饱和。在政府主导下,1972年,瀛洲岛再次进行了人口的搬离,共迁出9户,约40人,分别安置于麻柳村2~10队。由于这次搬迁是政府行为,统一在新居地分配土地,并盖好房屋,原来在岛上的土地和房子,就分给居住在岛上未搬走的人家。此次搬迁的9户居民分别是余明海、余和清、余柏成、余名广(家人全搬)、余明高(家人全搬)、余子和(家人全搬)、余明义、余明和、余金鹏。

第三次是改革开放之后。改革开放以来,国家将计划生育作为基本国策。

1982年，南溪县委、县政府贯彻中央"实行计划生育是我国的一项基本国策""一对夫妇只生一个孩子，严格控制二胎，杜绝三胎"的政策和规定。南溪县采取相应的奖惩举措，做节育或绝育手术的，机关干部职工休息期间可以按公假处理，农村社员在休息期内照记工分。瀛洲岛当时也实行计划生育政策，据村民回忆，农村医疗条件比较差，做节育手术就在村里做，将人放在一个板床上进行手术，再简单包扎一下，社员可以休息7天，每天按10个工分计，一共是70个工分。到20世纪80年代中期，乡镇有了计划生育指导站，瀛洲岛村民做节育手术就到附近的和平场卫生院。计划生育的实施有力地控制了瀛洲岛人口的增长趋势，维持了人口与土地的平衡关系。随着改革的深入，岛上居民纷纷通过参军、上学、打工等不断搬离瀛洲岛，由此也带来了瀛洲岛第三次较大的人口迁移。目前瀛洲岛在册人口119人，实际居住岛上的仅有70人左右。随着越来越多的年轻人离开瀛洲岛，岛上留守的居民年龄越来越大，如何更好地解决人口与生态、人口与可持续发展的问题显得极为迫切。

三、人口构成

瀛洲岛人口构成较为单纯，据裴石镇提供的麻柳村1~10组人口花名册（截至2017年）信息显示，瀛洲岛人口119人，其中男性60人，女性59人。从民族构成看，当地居民都属于汉族。

（一）姓氏构成

瀛洲岛主体姓氏为余姓，之外还有邱、郭等姓。长期以来，由于与周边村落通婚，很多女性嫁入岛上，极大地丰富了瀛洲岛姓氏构成。我们从三个方面来进行阐述。

第一，以男性为主体看，不考虑女性姓氏，岛上有余姓男丁51人、邱姓男丁4人、郭姓男丁4人、游姓男丁1人，其中余姓男丁占全岛男丁的85%。

第二，从姓氏文化角度看，将女性姓氏也视为瀛洲岛姓氏文化的重要组成部分，共有余、邱、郭、张、刘、陈、唐、夏、林、代、车、游、肖、卢、汪、曹、杨、段、钱、孙、钟、高、吕、曾、牟、谢、熊、向、瞿等29个姓氏。其中余姓71人、邱姓6人、郭姓5人、张姓4人、肖姓3人、陈姓2人、林姓2人、代姓2人，其余均为1人。余姓居民占全岛人口60%之多。

第三，从家族构成看，全岛主要家族为余、邱、郭三个家族。其中，余家四大房在岛上有 22 户,人口计 97 人,占全岛人口的 81%;郭姓为两户,系亲兄弟,共 11 人;邱姓也为两户,系亲兄弟,共 11 人。

(二)年龄构成

瀛洲岛人口年龄结构较为完整,目前,岛上居民出生时期最早的为 1923 年,最晚的为 2009 年,几乎跨越一个世纪。其中,10 岁以下 1 人,11~20 岁 13 人,21~30 岁 20 人,31~40 岁 16 人,41~50 岁 32 人,51~60 岁 18 人,61~70 岁 12 人,71~80 岁 3 人,81~90 岁 4 人。

21~60 岁的青壮年共 86 人,占全岛人口总数的 72%;20 岁以下 14 人,占全岛人口总数的 11%;61 岁以上 19 人,占全岛人口总数的 17%。

(三)性别构成

全岛人口 119 人,从性别看,男性 60 人,女性 59 人。从年龄段看,其中,女性构成为:20 岁以前 4 人,21~30 岁 8 人,31~40 岁 12 人,41~50 岁 14 人,51~60 岁 10 人,61 岁以上 11 人。男性构成为:20 岁以前 10 人,21~30 岁 11 人,31~40 岁 4 人,41~50 岁 19 人,51~60 岁 8 人,61 岁以上 8 人。

其中,女性年龄段主要集中在 31~50 岁,共 26 人,占女性总数的 44%。男性年龄段主要集中在 41~60 岁,共 27 人,占男性总数的 45%。

四、寿星简介

瀛洲岛地处江心,环境优越,虽然人口一直在百人左右徘徊,但高寿者多。由于时间久远,很多先辈没有留下详细的年龄记载,综合余氏《生庚簿》《南溪邱氏族谱》《麻柳村 1 社花名册》及村民回忆,下面仅就已知的年龄在 75 岁以上的 14 位老人的情况进行整理,并简要分析长寿之原因(见表 4.1)。

表 4.1　　　　　　　　　瀛洲岛寿星一览表

姓名	性别	出生年月	存殁情况	年龄(岁)
余代氏	女	1835 年	1913 年去世	79
邱崇荣	男	1895 年	1981 年去世	87
邱万民	女	1898 年	1983 年去世	86
邱德琼	女	1920 年	2000 年去世	81
邱德兴	男	1922 年	2003 年去世	82
林代玉	女	1923 年	2008 年去世	86

表4.1(续)

姓名	性别	出生年月	存殁情况	年龄（岁）
谢全亨	女	1924年	2011年去世	88
余和清	男	1930年	健在	89
刘安华	女	1933年	健在	86
汪淑琼	女	1937年	2015年去世	79
邱德全	女	1938年	健在	81
余明才	男	1939年	健在	80
曾定芳	女	1941年	健在	78
唐安树	女	1941年	健在	78

注：表中人物的年龄皆为虚岁。

瀛洲岛地处长江之中，四面环水，常年气候温和、环境优美，自然生态独具特色。生活于岛上的居民，凭借良好的生态环境，长寿者多，究其原因有三：一是生态环境优美，空气质量好，土地无公害，长期以来，瀛洲岛居民自给自足，主要吃自种蔬菜，饮食以鱼类、蔬菜为主，这些都是绿色食品，饮食健康有保障；二是居民多日出而作，日落而息，男子捕鱼耕田，女子料理家务，生活闲适，与外界联系较少，无世外琐事之扰；三是居民长期与水打交道，夏天下河游泳，冬天洗冷水澡，经常进行系列水上运动，体魄强健，抗病能力强。

第三节 瀛洲家族

一、余氏家族

（一）草原英雄写传奇

瀛洲岛位于长江裴石段，属于麻柳村1组。这座神奇而美丽的小岛，享有"万里长江第一岛"的美誉。瀛洲岛上生活着一个特殊而神秘的家族——余氏家族，他们世代口耳相传着一个传说：其祖先来自蒙古草原，先祖铁木健系元朝宗室，因明朝灭元，铁木健的后裔逃亡各地，其中一支流落到今天的瀛洲境内。至今在西南地区，广大的余氏家族中还流传着一首认祖诗：

余本元朝宰相家，洪兵赶散入西涯。

泸阳岸上分携手，凤锦桥边插柳桠。

咬破指头书血字，是吾血脉自无差。

后人对得此诗句，千百年前是一家。

这首认祖诗成为广大余姓后裔祭祖联谊的纽带，在裴石余氏家族中流传至今。此外，裴石余氏家族还一直供奉着成吉思汗的神位，它讲述着家族的传奇故事：一个来自北方草原的英雄家族，因躲避战乱，流落到裴石镇的长江孤岛之上，靠打鱼为生，并在此繁衍生息、开枝散叶，延续着家族的血脉。

裴石镇余氏有两支，一支生活在麻柳村1组瀛洲岛，一支生活在长兴村。两支家族百余年来联系频繁，认铁木健为共同的祖先，但是这种认同仅限于口耳相传。在余家谱牒中，我们并没有找到与铁木健、蒙古族等直接相关的证据。目前裴石两支余氏，不仅参加了西南地区铁改余研究会，还将成吉思汗的画像供奉在中堂，并以蒙古族后裔的身份而感到自豪。

（二）溯祖籍闽赣同源

麻柳村瀛洲岛《余氏族谱》修于清嘉庆三年（1798年），由余亮畴编纂。该谱系原籍江西的余氏家族所修，共26部，其中本部族谱因余自芳迁来南溪，其后代回原籍参加修谱后携带入川。

余氏祖籍福建汀州府宁化石壁村，始祖余志铭由福建迁往广东惠州府兴宁县油洞麻岭。后因明朝洪武年间周三官作乱，油洞麻岭余氏家族生活艰难，余志铭为了给子孙求得安静之所，沐风栉雨，历尽艰辛，最后举家迁徙至南厢黄泥田。迁徙至南厢后，余氏家族子孙繁衍，父慈子孝、兄友弟恭，鸿儒硕彦代不乏人，成为地方巨族。由于人口众多，加之世代久远，余氏后裔担心伦序混乱，同宗兄弟相见形同陌路，余兆祖、余兆瑛等便同心协力修纂族谱，但所修之谱比较简单。后来，余珍瑞、余习文在原谱的基础上再次修订，并请广东平乐府富川县正堂李元凤撰写谱序。李元凤于明隆庆元年（1567年）再四批阅族谱，认为余氏家族人丁兴旺，族谱编纂体例完备，是余家亿万斯年的传家之宝。

清顺治年间，余志铭的九世孙余光先，为"良图意远，见其山环水秀，遂卜而居焉"，于是感祖宗之德，由惠州府兴宁县南厢迁往江右南安府上犹县崖坑乱石，至嘉庆年间已传了八代子孙。十三世孙余亮畴在谱序中描述余光先后裔在江西的情况时说，"蚤斯振振，耕读两途为务，然耕读虽不能尽如其愿，亦无愧乎人矣"。

据文献记载，余光先，字椿，妣陈氏，夫妇生殁未详。余光先于清顺治十六年（1659年）从惠州兴宁县南厢迁至南安府上犹县崖坑乱石居住，于清康熙三年（1664年）买李明纶叔侄庄场一所，建基立业。余光先夫妇生四子：文兴、文旺、文华、文相。长子余文兴，字永发，文献记载其生于清顺治丁卯年（注：顺治时期无丁卯年，疑为辛卯年即1651年）七月初五日，殁于康熙丁亥年（1707年）三月二十一日，妣阳氏。余文兴夫妇生四子：自立、自芳、自乐、自成。其中，第二子余自芳，移居四川南溪县，妻申氏，生秉松、秉茂二子（见图4.19）。余光先次子余文旺，字昌远，生殁年不详，葬上犹崖坑；妻子古氏，生于明崇祯戊寅年（1638年），卒于清康熙丙申年（1716年），其骨骸葬于泸州府江安县。余文旺夫妇生二子：自超、自彰。其长子余自超，妣蓝氏，移居四川，生三子：秉纲、秉常、秉伦。

图4.19 嘉庆版《余氏族谱》载余自芳迁南溪事

余氏迁川的这一支，主要为余光先之孙余自芳的后代。我们在裴石镇与南溪街道办交界的纳沙窝竹林地中找到了余自芳的墓地（见图4.20）。该墓背靠山坡，面向长江，视野开阔，周围一带竹林密布，都是坟地。其墓碑上书："皇清待赠/诰余公/母/自芳/申氏/老/大人/孺人之墓"，左边落款"乾隆戊申年岁（注：后面的文字漫漶）"，左内侧为其后裔名讳，可惜漫漶。两侧尚有墓联一副，亦漫漶。嘉庆三年（1798年），江西南安余光先后代合族修谱，南溪余自芳后裔作为余光先长房子孙，返回故里共襄盛举。此次修谱距上次修谱已过去230余年，余光先这一支的族人散布在江西、四川两地。这次修谱，是为继述先人之志，上思祖德，下念宗祧，使后世子孙历经百世而不至于伦次失序。本次修谱会议确定了余氏班辈为"贤间隐士，万石封田；秀文自秉，亮腾高生；俊明佳德，功振尧天；盛世邦国，仁义永远；福建宁化，宗祖居源"四十字派。修谱者并将26部族谱以千字文的顺序进行标识，分发给26房子孙，分别由亮、腾两辈领取。由于四大房人数众多，迁移无常，为明确祖地产业，本次修谱会议特将余光先在上犹崖坑所置产业的产权关系进行了详细说明，并载入族谱，使后世子孙能够了解。

图 4.20　瀛洲岛余氏始祖余自芳夫妻墓碑

（三）瀛洲岛开枝散叶

由于嘉庆版《余氏族谱》主要由江西余氏家族所修，对裴石余氏着墨不多。迁川以来，裴石余氏家族并未系统修谱。目前在余佳和处保留了一部手抄的余氏《生庚簿》。将嘉庆版《余氏族谱》和《生庚簿》进行比对可知，余氏家族余自芳携妻申氏从江西迁川，生秉松、秉茂二子，兄弟两人分别生余现、余珖。其中，余现生于乾隆己酉年（1789 年）六月初十日，在四川南溪县留宾里小中坝出生；妻曹氏，生于乾隆辛亥年（1791 年）二月，在南溪在城里北门城外生。余现夫妇生一子腾儒，又生二女。此一支余氏后来搬离瀛洲岛，族谱中并未记载其后裔情况。

余珖，生卒年不详，生腾明、腾良、腾舜、腾辉四子，一直定居于瀛洲岛，演变为瀛洲岛余氏四大房。长子余腾明，乾隆年间出生于南溪在城里瀛洲岛；妻苟氏，生于乾隆己酉年（1789 年）八月，南溪高湖里冷敬坝人；子高品、高扬、高栋。次子余腾良，生于乾隆甲寅年（1794 年），在城里瀛洲岛人；妻苟氏，生于乾隆壬戌年（1802 年），高雄里葛琳沟人；子高林、高俊。三子余腾舜，生于嘉庆辛酉年（1801 年）七月，在城里瀛洲岛人；妻薛氏，生于下高雄里黄沙河门坎滩；过继子高荣。四子余腾辉，生于嘉庆壬申年（1812 年），留宾里麻李埦人；妻刘氏，嘉庆乙亥年（1815 年）生，叙州府城内水井街人；子高陞、高淮、高恩、高美、高泽。余氏先祖迁川后最初生活在瀛洲岛对面的余家坝，第三代腾字辈兄弟四人，陆续迁至瀛洲岛居住。随着子孙繁衍，人口渐多，而瀛洲岛面积有限，部分余姓族人便搬离了瀛洲岛。据88岁的余和清（升字辈）介绍，他的爷爷就出生在瀛洲岛上，1914年发洪水时搬到了马湛溪。余和清出生于马湛溪，半岁时，爷爷就去世了，后来全家又搬回瀛洲岛。

围绕这本《生庚簿》还发生了一段感人的故事。1973年，余腾辉曾孙余俊仁之妻代氏，在临终前把儿女叫到床边，嘱咐道："族谱在余俊伦处，不知还在不在。在的话一定要拿回来，因为这是四大房人的老谱，后代子孙若公心发现，可称盛族之世系矣。如果老谱已经没有了，那么我排有十辈字辈，可供四大房人起名所用。" 16年后的1989年，代氏的次子余明桂临终前，将三姐余润秀叫到跟前说："三姐，看来我不行了，母亲的心愿，就只有你同姐夫来完成了。"带着两代人的心愿，余润秀经过六年多的辛苦寻找，终于在1995年寻回老谱，由余明桂的妻子汪淑权通知四大房后人在余家癸（余明桂子）的新楼房里开会，谢全亨、林代玉、余和清、余明成等三十多位余家后裔到场。会上，组织者把老谱上的字派拿给大家学习，将每家重新写在生庚簿上（民国版余氏《生庚簿》所载的余氏历代字派见图4.21）。

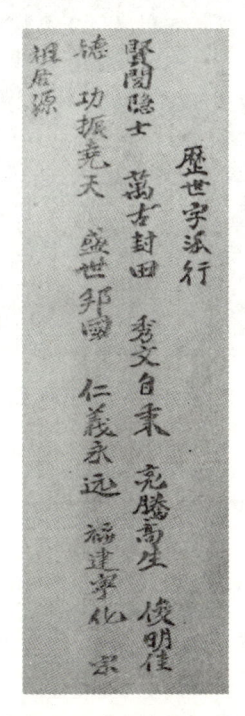

图4.21　民国版余氏《生庚簿》载余氏历代字派

如今的余姓主体还是生活在瀛洲岛上，但随着岁月的流逝，也有很多族人为了寻求更好的发展机会，逐渐搬到其他地方居住。家族分散异乡，但瀛洲岛依然是余氏后裔念念不忘的根脉所在，《余氏族谱》也是他们魂牵梦绕的精神纽带。

二、邱氏家族

据2012年版《邱氏族谱》（见图4.22）介绍，南溪邱氏家族始祖邱启财于清康熙九年（1670年），由湖广麻城县孝感乡迁居南溪裴石乡骑马村白滩子，经过"启、朝、为、山、文、世"六代人的发展，至第七代邱阜仟，生洪休、洪熙、洪高、洪开四子，遂分为四大房，兄弟四人搬离白滩子，各自生活、发展、传承。其中长房邱洪休迁居瀛洲岛（今裴石镇麻柳村1组），二房邱洪熙迁居下砖房子（今南溪镇黄泥村4组），三房邱洪高迁居东台上（今南溪镇青龙村1组），四房迁居上砖房子（今南溪镇黄泥村4组）。

图4.22　瀛洲岛《南溪邱氏族谱》

邱洪休迁居瀛洲岛，约在清咸丰年间。据邱吉平介绍，当时，邱家与瀛洲岛上的余家系亲戚，所以才搬到岛上居住。邱吉平已是第六代了。邱洪休生二子：玉江、玉海。二子分别生汝富、汝瀛。后生崇柄、崇清、崇林、崇荣四人，瀛洲岛邱氏遂分为四大房。其中，邱崇柄，妻刘氏，生德兴、德荣；邱崇清，生卒年不详，居瀛洲岛；邱崇林，生卒年不详，居瀛洲岛；邱崇荣，妻万氏，生子德友、德全。至今瀛洲岛上居住的邱氏后裔主要是邱崇柄和邱崇荣的子孙辈。

随着家族的发展，人口日益增多，瀛洲岛上邱氏家族后人也因工作、发展空间受限等原因，纷纷搬离瀛洲岛，或迁居麻柳村其他村组，或迁居镇上或县城，有的甚至远迁他乡。瀛洲岛上邱家仅剩两户，但他们依然守护着祖先创业的这方土地。

三、家族文化

瀛洲岛上虽然仅有余、邱、郭三个家族，但在数百年的历史发展中，他们通过辛勤的双手带来了瀛洲岛的繁华富庶，也创造了多姿多彩的家族文化。

（一）祭祀先祖

瀛洲岛上的居民每年正月初一和清明节都要祭祖，以怀念先祖，传承家族文化。农历正月初一，瀛洲岛村民都会一起去墓地祭拜逝去的长辈，烧纸钱、放火炮，为逝世的人送上祭奠，缅怀他们。在清明节，他们要举行清明祭祖仪式。由于瀛洲岛面积狭小，余姓族人不多，所以中华人民共和国成立前余氏家族没有修建祠堂，但每年清明节时，瀛洲岛余氏家族会组织一个大型的余氏家族聚会，称曰"清明会"。举办清明会时，全村老小都会参加，女性自发择菜、生火、煮饭，男性则都积极参与一些需要付出体力的活动。清明会持续一天，在午餐前，余氏子孙会到纳沙窝余姓迁川始祖余自芳墓前进行祭扫，以此祭拜先祖和逝去的长辈，增进血脉间的感情。余家每家家里都供奉写有"天地君亲师"的家神，两侧多写有祈愿财神菩萨和观音菩萨保佑全家平安的内容。同样，邱氏家族每年清明节也联合东台子、上下砖房子的邱氏后裔，齐聚裴石镇骑马村白滩子邱氏祖坟前进行祭祀。郭氏家族由于远离祖籍，每年清明节仅给自己在瀛洲岛的已去世的先辈进行祭祀。

在清明会上，各家族长辈会向广大宗亲讲解先祖迁川的艰辛历程和创业故事，强调家族的优良家风，鼓励家族子女读书成才，有的家族甚至向考上大学的大学生、年满75岁以上的家族老人提供适当的补助。

（二）续修族谱

家族文化首在传承。续修族谱，尊祖睦族。目前，在瀛洲岛我们找到三本族谱，分别是嘉庆版《余氏族谱》、手抄本余氏《生庚簿》和2012年编修的《南溪邱氏族谱》。族谱的编修，背后都有一段感人的故事，都是对家族文化的一次洗礼与传承。嘉庆年间，江西续修《余氏族谱》，迁川已近百年的余氏后裔，不远千里，跋涉回乡，参与原籍修谱盛举，并将修好的族谱带回南溪，为我们了解这段历史提供了珍贵的文献。自嘉庆后的200余年来，余氏后裔虽然没有进行统一的修谱活动，但四大房人，依靠《生庚簿》记载的先辈事迹，传承着家族文化，尤其是余俊仁妻子代氏、余明桂母子二人，先后两代人，历经数十年，为寻找老族谱，为后裔留下根脉而默默奉献。他们在临终之际，不忘将寻谱的任务传承下去，体现了余氏家族对根脉的极度重视，及家族文化对余氏族人的深深影响。

为谱写和记载邱氏家族的历史传承和文化积淀，全面反映邱氏家族子孙根脉相连、生生不息的历史和割舍不断的血缘亲情，增强全族族人的凝聚力和向心力，2012年3月27日，邱氏家族召开了南溪区邱氏族谱筹备会，并明确了章程、分工等。同年3月31日，南溪《邱氏族谱》编委会正式成立，由邱崇清任主任。经过半年多的努力，邱氏族人将邱阜仟名下四大房人进行分房统计，并将邱氏家训、家族历史、历次会议等一一载入谱中。族谱于当年10月正式印刷，一部凝聚着邱氏先辈荣光、传承着邱氏文化血脉的族谱编修完成。

第四节　村落风情

一、村落变迁

瀛洲岛隶属裴石镇麻柳村，麻柳村位于裴石镇南面，距离南溪城区4千米，距离裴石镇政府3千米。麻柳村东连临江社区，南接中坝社区，西邻万里长江，北靠油房村，地势平坦，土地肥沃。全村人口达2 624人，共775户，10个组，土地面积150公顷，主要姓氏为黄、胡、肖、余、陈、张、李、温等。2013年以来，由于兴建南溪轻工业园区，麻柳村2、3、4、5、6、8、10组全部拆除，兴建了和平小区，村民在此集中居住。麻柳村目前仅有1、7、9三组依然保留了传统村落格局。其中，瀛洲岛单独成组，是为麻柳1组，位于麻柳村西南边江中。2017年，裴石镇政府依托瀛洲岛优美的生态环境和富集的文化资源，将麻柳村成功申报为第五批四川省省级传统文化村落。

瀛洲岛四周环水，是万里长江之上第一座"江心岛"。地势奇特，北面滩涂密布，小舟过时，有惊无险，冬季枯水，人可涉水而过，南面河宽水深，大船往来，畅通无阻。小岛四面环水，终年涛声不绝。岛上有着茂密的林木、星散的民居、天然的生态，这里是风景宜人、宜居、宜游、宜乐的生态观光园，素有"万里长江第一岛"之美誉。

瀛洲岛出现于何时？目前尚无具体的科学结论。据地质专家研究，长江的形成与距今1.4亿年前的侏罗纪时的燕山运动有关。到距今300万年前时，喜马拉雅山强烈隆起，长江流域西部进一步抬高。从湖北伸向四川盆地的古长江溯源侵蚀作用加快，切穿巫山，使东西古长江贯通在一起。在此基础上结合瀛洲岛地质构造进行推断，可以基本断定，瀛洲岛的形成是与长江的形成同步的，其历史之久远约在300万年前。

瀛洲岛作为一座自然生态之岛，大自然钟灵毓秀之地，自古以来吸引了无数先人登临此岛，但由于缺乏史料记载，目前难以考证出人类最早登岛时间。从南溪区的历史发展脉络看，南溪在秦汉以前多为僰人居住之地，一度为僰侯国的所在地，僰人是否曾登临此岛，难以考证。汉代以来，随着汉族人不断进驻该区，南溪涌现出韩子方、张贞、黄帛等历史名人，他们是南溪历史上可考的最早的有名有姓的历史人物，为南溪的历史掀开了新的篇章。同样，裴石镇前进村3组考古发掘的东汉夫妻合葬墓，是目前裴石境内可考的时代最早的历史文化遗址，将裴石的历史向前推进了2 000年，裴石的人文脉络于此初露峥嵘。毗邻麻柳村的前进村，汉代已有人居住，那么，瀛洲岛茂盛的水草、优质的土壤，应该会引起周边民众的向往，但因无直接证据，亦难以妄下结论。东汉以降，裴石为蜀汉益州郡管辖，李特建立成汉政权，引僚人入蜀，巴蜀民众多逃往江南。裴石镇亦为僚人占据。在今裴石镇普门坝边的山崖上，还保存着该时期僚人居住的洞穴，当地人亦称为"蛮子洞"。唐宋以来，南溪置县，社会经济获得较大发展，县下设乡，基层管理渐趋完善，当地居民登临瀛洲岛应是毫无疑问的，但我们尚未在岛上看到相关遗迹，也未在史籍中找到任何线索。

在瀛洲岛形成村落的历史演进中，明代是一个极为重要的时期，其标志是瀛洲阁的修建。明代修建的瀛洲阁共有五层，木石结构，其修阁目的已不可考。但从清代以来，历任南溪知县修建瀛洲阁的目的来看，其功能主要有二。一是瀛洲阁坐落于瀛洲岛上，有锁镇中流，在江水洪泛之时，供来往船只的乘客及岛上居民逃难避险之目的。二是瀛洲岛环境优美，建阁其上，增加了一处文化景观，为文人雅士提供了吟诗唱和之地。可以说，瀛洲阁的修建，为瀛洲岛注入了文化基因；也可以说，在明代瀛洲岛应该已有居民居住，只是经历明末清初的战乱，他们不知逃往何地，消失在了历史风云之中。

明末清初是瀛洲岛村落从毁灭走向复兴的极为重要的一个历史阶段。经过明末清初的动乱，南溪县"城郭鞠为茂草，一二孑遗，远窜他方"。动乱导致南溪城区荒废数十年，成为狐兔之场、虎狼之窟。为此清廷采取"移民实川"措施，动员外省人民来川落户，民间称之为"湖广填四川"。从此，各省移民蜂拥而至，来到南溪、裴石、麻柳村安家落户。今天裴石境内分布的黄、杨、傅、姜、刘、宋、曾、向、叶、张、欧阳等姓氏，绝大多数为清初迁入。其中，麻柳村的黄、温、肖、胡、陈、张、余等姓也是这一时期迁入的。余姓始祖余自芳于清雍正年间从江西迁川，定居余家坝，后裔随后迁入瀛洲岛，至今生活在岛上，已历10代，有300年左右，余姓已成为瀛洲岛第一大姓。同样，邱氏始祖邱启财于康熙初年由湖北麻城县孝感乡迁居南溪裴石乡骑马村白滩子。第七代邱阜仟，生洪休、洪熙、洪高、洪开四子，分居各地。其长子邱洪休于清中期道咸年间迁居瀛洲岛，至今已历8代，邱姓成为瀛洲岛第二大姓。瀛洲岛上的郭姓，是因与邱姓联姻而迁居岛上的，邱德琼嫁于郭树清后，郭氏一族才于20世纪40年代搬入瀛洲岛。

至此，瀛洲岛迎来了新的发展时期，余、邱、郭三姓在岛上开荒种地、植树造屋，形成了一个山水环绕、绿竹掩映的世外桃源。

二、民生发展

在传统社会，瀛洲岛经济结构较为单一，当地居民主要从事农业、渔业，其中农业是根本，渔业是副业，交通工具主要依靠船只。现将其主要民生情况阐述如下：

（一）产业

从全村情况看，麻柳村面积为28平方千米，辖10个农村社（组）。这些农村社（组）呈集中连片分布，主导产业为农业，以蔬菜、水稻、旱烟、穿心莲等的种植为主。2002年麻柳村引进南溪大自然果蔬公司，建成了无公害蔬菜示范园，实施"菜（早春菜）—稻（中稻）—菜（秋冬菜）"一年三熟的水旱轮作栽培，带动全乡蔬菜发展，该村成为远近闻名的蔬菜基地。近年来，南溪轻工园区规划在该村，目前，宜宾纸业等大型企业已入驻麻柳轻工园区。

瀛洲岛农作物拥有纯天然、纯绿色优势，农作物多种植于河滩地之上。每年汛期，长江水会将河滩地淹没，汛期过后，洪水退去，使河滩地土壤更加肥沃、洁净。除种植业外，村民还发展渔业等。从事渔业的人员较多，渔业成为瀛洲岛产业的主要支撑。

（二）民居

南溪多低丘、浅山。当地住房房屋结构有三种类型：一是草房，土筑或竹篾墙，稻草、麦秆盖顶；二是小青瓦、木柱夹壁，或土筑墙、瓦盖顶；三是砖瓦房，砖石砌墙，瓦盖顶。一般在屋前屋后栽种果树和竹。

在20世纪80年代前，瀛洲岛民居主要是茅草屋，竹篾墙。在居民解决温饱问题后，才有青瓦房。岛上建筑均为川南民居，屋顶绝大多数采用小青瓦双坡悬山式屋顶。墙体采用版筑土墙或土坯砌筑，民居平面呈"一"字形和"丁"字形的居多。农村正房为三间一列，中间的堂屋是祀奉祖宗、会客以及起居的地方，左右两间为卧室或灶房。房屋开间三米宽、五米深或更小，能住二至四个人，屋前有晒坝。瀛洲岛民居见图4.23。

图4.23 瀛洲岛民居

盖房的木料、石料等，都是从外面运至岛上。据邱小平回忆，盖房的石料、砖木是从江南镇砖厂运来的，沙子都是从河里取的。1987年，可以在前进村和平场买砖瓦，请人慢慢挑到江边。石头是从九龙滩装船运到瀛洲岛码头上的，再请人搬到家里。当时请人开石头，很辛苦。邱小平家盖了四大间，一楼一底共8间，花了两万多元。

（三）交通

船是瀛洲岛居民出岛的必备交通工具，就像陆地居民的自行车一样，不可或缺。

中华人民共和国成立前，岛上居民，每家有一条木船，用来解决出行问题。20世纪50年代后，实行集体经济，麻柳村有一大船，主要给集体拉肥料、卖货物等，往来于麻柳大队和南溪县城之间，有时也到宜宾去拉货，过险滩时，还要纤夫拉船。20世纪80年代以后，木船少了，居民用的多是挂桨船，俗称"永向前"，没有挂挡，只能前进。要是停船，必须在靠岸的一瞬间，将船靠在沙滩边上，这样对船的冲击力才会减少。1986年麻柳村有1条客船，从幺号口开到南溪县城，尤其是县城逢2、5、8场期，居民就把大米、农产品拿去交易。现在，岛上船少了，有的换成了机器小船，解放了人力，提高了安全性能。

三、婚丧嫁娶

（一）婚嫁

中华人民共和国成立前，在裴石农村中，婚嫁一般要经历议婚、换庚书、送期、接亲四个步骤。议婚，多由男方邀请媒人提亲，女方父母同意，便初定婚事。换庚书，俗称"插香"，即议婚双方同意后，择期各具庚帖互换，将姓名年庚注明，请算命先生合八字，媒人持帖到女家；女家同意后，即为正式订婚。送期，婚前数月，男家择定婚礼日期后，写在纸帖上，备好彩礼，由媒人送至女家。接亲，婚期前一日，男方长辈在祖先牌位前给新郎戴礼帽、佩戴金花；婚期日，男方抬着鸡、鸭、肉、糖等物，旗锣伞杖等随花轿，前往女家迎亲，新娘在出钱前要开脸、唱哭嫁歌、辞拜祖先、长辈，由兄、嫂等陪送到男家。男方设宴称"喜酒"。一般富家隆重，贫者简单。

中华人民共和国成立后，裴石镇实行婚姻自由政策，人们可以自由恋爱，也多有媒人介绍的情况，双方相处一段时间后，即可订婚，互赠礼物。20世纪60年代前送亲多走路，以后多由自行车接亲。当时，彩礼多为"三转一响"（即自行车、缝纫机、手表和收音机）。20世纪90年代以来，婚礼多在大酒店举行，用小汽车接亲，排场极为讲究。

瀛洲岛上的村民结婚，由于受到长江阻隔，男方接亲队伍要乘船过江，到岸后，中华人民共和国成立前是用花轿去接亲，中华人民共和国成立后是单纯步行或骑自行车到新娘家接亲。瀛洲岛的女性出嫁，也是先坐船到河岸，中华人民共和国成立前新郎家的轿子就在岸边等待，中华人民共和国成立后变为接亲队伍骑自行车、开汽车在岸边等待，将新娘和陪嫁品接回。一般为了解决结婚出行问题，瀛洲岛上娶妻嫁女多选择在长江枯水季节进行，这样无论是轿子、自行车还是汽车都可以直接开到岛上。在婚礼举行当天，婚宴一般是设在家中,按照当地传统婚礼的习俗举办,亲戚邻居都会参与。婚礼上行跪拜礼,跨火盆、敬茶、给红包等,在院子或者门口设置大锅宴席,邻里老少都积极参与,婚礼极为热闹。

(二)丧葬

中华人民共和国成立前,瀛洲岛老人未去世前,先准备好后事,预备寿木,缝制寿衣,还请风水先生选好阴宅(墓地)。老人病危时,就穿上寿衣,子孙齐聚老人身边。老人气绝后,停尸于木板,用白纸或白布遮面。子孙烧纸钱,在木板下点燃过桥灯一盏,在堂屋房上戳个洞"出煞",将死者铺草衣物烧于十字路口,请道士给死者做"开灵"法事,焚烧"袱包",随即入殓、门前搭灵棚。室内设灵堂、置灵牌,孝子、孝女伏地相迎谢礼。出葬日办"上山酒",8人龙杠抬棺,鞭炮连天,鼓乐交作,孝子执引魂幡、端灵牌、拖丧棒,恸哭前行;孝女晚辈哭于棺后,亲戚相随。老人入土安葬后,还要做"复三""回煞""应七""百期"等活动。

20世纪90年代以前,瀛洲岛上老人去世,是不埋在岛上的,因为洪水一来,会把坟地冲开,这样对逝者不敬。所以,要到麻柳村里或岸上周边寻找一块墓地,要跟当地居民沟通。一般都是安葬在亲戚的土地里,便于祭祀,也不会产生矛盾。近二十年来,去世的老人多埋在岛上,用砂石把坟堆固定,这样洪水来了也不会冲走。同时,这二十年,洪水也没有那么大,尤其是修了向家坝水电站之后,洪水一般很难将瀛洲岛淹没。

瀛洲岛居民有捡金的习俗,一般是家里出了不吉利的事,或者坟墓年头久远,坟墓偏僻,棺木朽坏,就会用土陶罐或石棺装殓遗骸,另择吉穴掩埋。有的家族也会把棺材混着泥土一起埋葬,一般挖出的坟坑要进行复原,这样祖先才会保佑子孙兴旺。

四、衣食住行

(一)服饰

中华人民共和国成立前,瀛洲岛男穿对襟短衣、长衫、扎腰长裤,女穿带襟短衫。一般的贫者,男穿粗布蓝衫,白帕缠头,赤足或穿草鞋、布鞋,妇女多穿粗布带襟齐脚弯短衫,束青蓝色围腰。枯水季居民可以步行出岛到对岸,一般多是赤脚或穿草鞋步行,下雨天穿草鞋,也有人穿钉子鞋或穿草鞋加"脚码子"用来防滑。

(二) 饮食

中华人民共和国成立前，瀛洲岛多贫苦农民，多食杂粮、红苕，大米干饭难得吃到；多食鱼及蔬菜；稀饭多掺杂粮和蔬菜；小麦磨成粉用来做桐子叶粑粑、玉米叶"包谷粑"、灰水粑等；终年难得吃肉。

改革开放以来，瀛洲岛居民以米饭为主食，面食为辅。一两水面，配上酱油、花生、芽菜、辣椒油，这就是最常见的早餐。午餐、晚餐则多食米饭，荤素菜品。还有渔船上方便美味的白水鱼，即将刚捕获的鲜鱼直接下锅水煮，配以丰富作料，鲜香美味。虽然物质生活不断丰富，但这里仍然有着简朴的传统，菜品虽多，也尽量不留下剩菜剩饭。现在，一般在农村都能置办起一桌非常像样的饭菜，生活水平较以前有了极大提高。

(三) 住房

中华人民共和国成立前，岛上住房多随田散居，依山就势。20世纪80年代以前岛上房屋多为草房，土筑或竹篾墙，稻草、麦秆盖顶。20世纪80年代以后，小青瓦、木柱夹壁，土筑墙、瓦盖顶，砖瓦房才逐渐普及。

当地民间兴土木、建房屋，会先请风水先生看屋基，再择吉日破土动工。房屋多依山就势，坐北向南。上梁择吉日良辰，贴八卦，用红纸或红布写上"紫薇高照"或"吉星高照"，吊于屋梁正中。梁用红布包，举行上梁仪式时，众多人抬梁上房，木匠师傅在梁上说四言八句的吉利话，主人给施礼钱，亲友四邻送对联、放鞭炮祝贺，熟人设宴款待。

(四) 行路

中华人民共和国成立前，岛上对外交通工具主要是船。枯水季节，水位下降，岛上居民可以步行到对岸。每年农历五月端午到农历十月长江涨水，没船就不能过内河。一家一船，出行更方便。如今，瀛洲岛上还住着119位居民，他们几乎家家都有船，"船既是必备交通工具，也是打鱼的重要工具"，更是代替步行、赶场、串亲、运送货物、载客的首选工具。

五、"非遗"流韵

(一) 划龙舟

瀛洲岛四面环水，岛上居民常年与水相伴，善于划舟。20世纪80年代以来，南溪区恢复了一年一度的端午节划龙舟比赛，全区各乡镇选派选手参赛。裴石镇以麻柳村1组瀛洲岛村民为骨干组建的团队，在多次比赛中取得优异成绩。如 1986 年，取得全区划龙舟比赛第一名。2014 年，南溪区委、区政府组织开展了"中国万里长江第一滩"南溪龙舟公开赛，面对十二支实力强劲的队伍，以瀛洲岛居民为主力的裴石龙舟队秉承"凝心聚力发扬铁军精神，创新发展打造近郊先进乡"的精神理念，齐心协力、沉着冷静、不骄不躁，将日常训练中累积的经验淋漓尽致地展现到全区人民的眼前，以实力征服对手，取得了公开赛第一名的优异成绩（见图 4.24）。

图 4.24　裴石龙舟队荣获 2014 年南溪恒旭杯龙舟公开赛一等奖

（二）哈号

"哈号"是南溪区的一项省级非物质文化遗产，距今已有 2 000 多年的历史。瀛洲岛上盛产慈竹，当地居民劳作之余，欢庆丰收，便取竹为号、吹竹为乐。这种乐器来自僰人，又因僰人姓"哈"，所以后人便把僰人发明的土乐器叫作"哈号"，一直流传至今。岛民经过多年的经验积累，总结出制作"哈号"的最好材料，是腊月间生长的慈竹，将竹子每节的一头削薄，然后一节节插入成型。削得越薄，接头的缝隙就越小，声音的饱满度也就越好。根据"哈号"的长短，其声音也有很大不同，短"哈号"的声音比较细、清脆，但不能传太远，近听响亮，远听共鸣不大；而长"哈号"的声音低沉，但能传很远。

过去"哈号"一直是当地群众过年过节庆祝时吹奏的乐器。每当岛上的大型聚会或者宗亲会便会演奏，如今，能够吹"哈号"的人越来越少了。

第五节 江岛防汛

一、水情预报

上游水位站。南溪上游 24 千米处，设有重庆水文总站所属李庄水位站（始建于 1943 年 9 月）。李庄水位站上游 18 千米处为宜宾合江门，设有重庆水文总站所属宜宾水位站（始建于 1922 年）。这两站为南溪洪水水情预报间接提供依据。

防洪水尺。在南溪文明门（大南门）至望瀛门（东门），由南溪防洪办设有防洪水尺两组（见图 4.25 和图 4.26）。1984 年至 1995 年，使用的是石洞门处的水尺进行常年水位观测，1996 年则启用文明门处水尺。

图 4.25 南溪滨江广场防洪堤处的水尺　　图 4.26 文明门码头水尺之一

二、水灾纪录

清乾隆五十三年（1788 年），长江大水，竣工于乾隆二十四年（1759 年）的瀛洲阁及其附属设施全部被洪水冲毁。

清咸丰二年（1852 年），江水入城，淹至文明门奎星阁楼脚（今南大街中段）。瀛洲阁同时受灾。

清光绪三十一年（1905年）秋七月初九日，大水淹没半个南溪县城，史称"乙巳大水"。洪水位为268.2米（海拔高程），沿江田禾被毁，房舍漂没，居民逃往高处。当时洪水涨到与瀛洲阁救生高台上口持平处，文昌祠因此毁坏。阁旁土地为狂澜冲刷，陷为深坑，阁势渐斜。

民国六年（1917年）夏六月初四日，长江涨水，洪水位为264.6米，沿江两岸耕地民房淹没甚多。大水涨到离瀛洲阁救生高台上口只差三尺的地方。

1955年7月14日，南溪大南门水位高达263.97米，县城顺河街、锦江门被淹，凤翔门石桥被冲垮。

1966年8月30日至9月1日，南溪县内普遭风雨袭击，县城大南门最高洪水位达266.06米，超出保证水位4.4米。南溪县城四面环水成为孤岛，瀛洲阁全部被淹。

1991年8月10日，长江水位猛涨，长江南溪段出现中华人民共和国成立以来第二次特大洪水，洪峰最高水位为264.5米，长江洪水最大流量为48 200米^3/秒，裴石乡前进村、麻柳村、中坝村、临江村受灾严重。裴石乡组织紧急抢险，其中紧急转移瀛洲岛群众70多人，有28人因转移到瀛洲阁救生高台上而获救。

南溪是江城，瀛洲岛是江岛。在南溪古城的文明门城洞石壁上，至今尚有三处（1955年、1966年、1991年）近70年的南溪大洪水水位刻度记录，从中可以想见身处下游的瀛洲岛遭遇水灾的情景（见图4.27、图4.28和图4.29）。

图4.27　南溪城区文明门城墙上所刻1966年、1991年最高洪水位

图 4.28　南溪城区文明门城墙上所刻水尺和 1955 年洪水位

图 4.29　瀛洲阁高台 1991 年 8 月 10 日洪水位

三、乘船逃生

为适应特殊的地理环境，瀛洲岛居民每家都至少备有一条船，就像陆地居民每家都有一辆自行车一样自然，方便进出。每家的船只除了平常用于接送孩子上学放学、打鱼、自己赶场等以外，更重要的一项功能就是在关键时刻载着全家人在洪水来临时逃生。

瀛洲岛居民的船只，原来一般都是靠人力推桡摆艄前行的小木船，船身造价较低，但行船费时费力，操作者十分辛苦。大约 2000 年后，随着经济好转，瀛洲岛居民多数都置办了机动铁船或机动不锈钢船，船只购置成本较高，每只一万元左右，但行船省时省力，非常方便，船只风驰电掣，成为江岛一景。

四、高台救生

为了防洪，瀛洲阁历来都是修建在全岛最高处的，并且在沙土上面筑有坚固的石砌台基。清乾隆二十四年（1759 年）建成的瀛洲阁共有五层，也具备高台救生的功能。瀛洲阁墙壁上刻录了清光绪年间发大水的记录（见图 4.30）。

图 4.30　瀛洲阁墙壁上刻录的清光绪年间发大水的记录

民国十八年（1929 年）二月至十一月，当地人砌石固基，重建瀛洲阁救生高台。高台台阶共 23 级。高台两侧各有洪水位水尺一组，正前方左侧刻有 1991 年洪水位标记，正前方右侧上部石刻为："清光绪卅一年岁次乙巳秋七月初九日，水涨平此台上。中华民国六年岁次丁巳夏六月初四日，水涨平此台尚距三尺。中华民国十八年岁次己巳仲春月下浣开工重建此台，仲冬月下浣石工□□□刊。"

瀛洲阁第六次兴建，是在 1992 年春至 1995 年春，总投资 17.26 万元。第一层是救生高台，高 4.8 米，建筑面积为 313.36 平方米，迎水面改方为圆，为条石砌挡墙；第二层为钢筋混凝土结构、歇山式屋顶、覆盖黄色琉璃瓦的仿古建筑，面积为 109.30 平方米。这样的综合建筑，更有利于高台临时救生。从相关历史水灾纪录可知，瀛洲阁救生高台恰似一个江岛避难所，确实多次起到了紧急防洪救生的作用（见图4.31）。

图 4.31　瀛洲阁刻有水尺的救生高台

第五章

WENHUA LÜYOU

文化旅游

瀛洲

第一节 地缘文化

瀛洲岛及其瀛洲阁楼台，与长江南溪段两岸周边景点及遗迹相映成趣，共同构成南溪多姿多彩的文化底蕴和地缘景观系统。南岸周边，从上到下主要有于公庙、铜鼓滩、观音石凫、鲁班石、映南塔等。北岸周边，从上至下主要有望瀛门、龙腾山、九龙滩、麒麟荡、大中坝、木头灏等。

一、于公庙

于公庙在南溪城区东南，隔江八里，铜鼓滩岸上。于公庙在明万历四十二年（1614年）始建，民国十八年（1929年）八月至民国十九年（1930年）三月，由南溪县长乐凤鸣筹资重修。庙门前有两棵大柏树，中华人民共和国成立后被砍伐运到重庆。庙内长廊有"小南海"横匾。全庙现仅存西侧几间厢房（见图5.1），现已废弃，院落中还散落有庙宇的石刻等。此庙祭祀"转危为安、再造明室"的明正统景泰间的抗蒙英雄于谦（1398—1457）。民间不明此庙来历，时将庙名误为"渔工庙"。明代进士、富顺人甘敬修，清嘉庆贡生、南溪人韩国琳，清光绪南溪庠生谢荣勋，清光绪南溪举人钟朝煦，皆有文记载此庙（后二人之文见本书"艺文荟萃"）。

图5.1 于公庙西侧厢房（2018年景象）

二、铜鼓滩

铜鼓滩与瀛洲岛西北端隔江相望,在南溪东门下游八里南岸于公庙下。此处水石相激成声,响如铜鼓,波浪极险(见图5.2)。古人多有诗词咏之,

图 5.2　铜鼓滩

如"铜鼓大江东,九野沧溟汇""澎湃江声作鼓声,无端骇浪震山城"。"铜鼓怒涛"为清乾隆南溪县令罗道达《别拟仙源八景词——调寄鹧鸪天》之一。此滩乱石中现有一块长方形的石刻:"江津市羊石乡中坝村杨波同志,生于一九七〇年二月三日。一九九五年十月二十七日在铜鼓滩工程筑坝中牺牲。长江航道重庆工程局二处。"

三、观音石龛

观音石龛在瀛洲岛隔江相望的南岸山腰。因附近铜鼓滩波浪极险,时有行船事故,所以乡人筹资捐建观音石龛,祈求来往船只平平安安。观音石龛建于民国乙卯年(1915年),正面横额刻"彼岸"二字,两侧刻有"洒来甘露消诸苦,驾就慈航渡众生"联语。龛外左下有石刻"观音大士……民国乙卯"。再往左边临路岩石上有一"修路石刻",为"民国十四年春二月中浣吉立"。大意是为南岸人在此陡峭山腰开凿一路,便于乘船渡江(经瀛洲岛、麻柳湾来往于裴石、木头灏等地),众人捐资,终于成事。石刻中详细列出捐资人姓名和数量,其中陈、殷、韩、张四姓人较多。目前观音石龛和修路石刻都受风雨侵蚀,字迹模糊(见图5.3)。

图 5.3　观音石龛

四、鲁班石

鲁班石在观音石龛左下岸边渡口处，因行人渡江船只常在附近停靠，船夫的竹篙尖端常插碰此石，日久天长，此大石包上就留下无数个横七竖八的楔子眼孔，渔人称其为鲁班石。据于公庙附近居民韩进树讲，他小时常到此石玩耍，每次将鹅卵石一对一地投进楔子眼，当把鹅卵石收起再次一对一投进楔子眼时，则鹅卵石不是多一块就少一块，非常神奇。由于此石较丑，不堪大用，附近居民一直没动过它，汛期时它又淹于水下，因此数百年来基本保持原状。

五、映南塔

映南塔又名新塔，坐落在瀛洲岛隔江南岸的山顶，现属江南镇新塔村，为高 28 米的 7 层砖塔（见图 5.4）。该塔原为明代建筑，清初塌损，仅存两层。清嘉庆二年（1797 年）南溪知县方怀萱捐俸倡议整修，并亲撰序文，增筑五层，次年春完工。底层的石门楣上，依稀犹存"映南塔"三字及"方怀萱书"字样。2016 年该塔进行整体修缮。建塔的原意是反映南溪"多士"。乾隆丙午南溪举人郎汝瑛写有《重修映南塔序》（见本书"艺文荟萃"）。

图5.4　映南塔

六、望瀛门

望瀛门城楼位于南溪东面，人们习惯称为东门（见图5.5）。望瀛门距瀛洲岛5千米。从东门远眺，江中孤屿瀛洲岛尽收眼底，故称之为望瀛门。该门建于清乾隆年间，清知县崔光仪题匾"登皋临流，紫气东来"；清知县邰兆禄题匾"紫气云腾"。经整体加固修缮后，2007年南溪"临江古城楼城墙"被公布为四川省第七批文物保护单位。2013年，镶嵌着文明门、望瀛门、广福门三座城楼的"南溪城墙"被公布为第七批全国重点文物保护单位。

图5.5　望瀛门

七、龙腾山

龙腾山在南溪城东1千米处，山高林碧，下临大江，宜于远眺赏景（见图5.6）。唐大历年间当地人在山上建龙腾寺，清道光十九年（1839年），知县翁绍海建龙腾书院、岑参别墅、石亭。清同治五年（1866年）知县雷尔卿重修龙腾书院。山腰原有石刻古迹"李公洞""濯缨岩"。1969年，龙腾寺及龙腾书院遗址被改建为南溪县烈士陵园。"龙腾晚照"为南溪古八景之一。

图5.6　龙腾山

八、九龙滩

九龙滩在南溪城东1千米北岸江边，龙腾山下稍偏东处（见图5.7）。九龙滩原为浅而险的石滩，行船困难，常出事故，后经多次整修疏通，通航条件现已大为改善。旧县志记载："县东三里，石碛凡九，皆状如龙头。"清嘉庆南溪知县方怀萱序言："九龙之潭，石如鳞甲，蜿蜒岸侧，蠕蠕然。"

图5.7　九龙滩

九、麒麟荡

麒麟荡也叫麒麟潭,在瀛洲岛最西端北岸耗子岩下的卵石沙滩中。每年农历二月底长江最低水位时,此潭的水位也不会减少,依然清澈见底,大约几人深。潭口略呈圆形。在长江枯水期的内河卵石沙滩上,长期存在如此一汪碧水,其水源令人费解,成为当地谜一样的奇景。清乾隆南溪教谕何毓聪《建修瀛洲阁碑记》云:"瀛洲,仙源古岛也。水落石出,则绣壤延联;水泛舟浮,则中流锁镇。左铜鼓滩,右麒麟潭。"

十、大中坝

大中坝为瀛洲岛下游约1千米处的江中岛,比瀛洲岛大数倍(见图5.8)。其中上坝3个社属南溪裴石中坝村,下坝4个社属江安桐梓中坝村。"夏橙之父"张文湘(1900—1996)从美国引进夏橙品种,20世纪40年代引种到江安木头灏大中坝开辟柑橘果园,中华人民共和国成立后培育成功,江安县成为全国夏橙基地县,目前大中坝每户每年收获各类夏橙上万斤。清光绪富顺才子刘光第舟行长江,描写大中坝橙子的诗《南溪道中 壬午》云:

溪边老橙新着霜,三颗两颗压波黄。

树根生菌大如斗,时有鹭鸶来啄香。

图5.8 大中坝

十一、木头灏

木头灏位于大中坝内河北岸,是古老的水陆码头之一(见图5.9)。它位于江安南溪两县交界处,曾历数百年商业繁华。清雍正时江安县木头灏更名安乐乡,1992年属江安县桐梓镇。古街、禹王宫、月亮台、金钱鱼为曾经的"安乐四绝",酱油、白肉、柑橘为安乐美食,小桥流水、油菜花海为安乐美景。场口下游附近原设长江漂木接收站、石印馆等。

图 5.9　木头灏

第二节　名人芳踪

有道是，"自古诗人例到蜀，好将新句贮行囊"（李调元）；"自古诗人笔，都从入蜀深"（万清涪）。但"蜀道之难，难于上青天"。古代的四川盆地，内外交通十分落后，相对闭塞。唐宋以来，北方陆路受秦岭阻隔，只有南方下行水路相对便捷。因此，历代诗人官员离蜀东归或蜀地诗人外出宦游时，基本都选择走水路，在岷江、长江上游一线乘船，经益州（成都）、嘉州（乐山）、戎州/叙州（宜宾）、江阳（泸州）、渝州（重庆），一路行吟一路歌，领略巴山蜀水的雄奇秀美，体味西南地区独特的风俗民情。

沿着这条水路至南溪县，必经长江瀛洲岛。根据文献记载，李白、杜甫、苏轼、黄庭坚、陆游、范成大、程公许、杨慎、王士祯、张问陶、赵熙、刘光第、俞陛云、黄炎培等历代文化名人，都曾沿此水路途经南溪瀛洲岛，其中刘光第留下了"人家竹树锁芳洲"，黄炎培留下了"瀛洲仙阁今何在"的名句。

一、李　白

李白（701—762），字太白，号青莲居士，祖籍陇西，寄居四川。他是屈原之后最具个性、最伟大的浪漫主义诗人，有"诗仙"之美誉，与杜甫并称"李杜"。其诗达到盛唐诗歌艺术的巅峰。他留下《李太白集》30卷。唐开元十三年（725年），24岁的青年李白从故乡绵州彰明县（今四川江油）出发，在青神嘉州的平羌小三峡流连数日，经犍为、戎州、渝州的水路离开巴蜀，开始其"仗剑去国、辞亲远游"的漂泊之旅，并在沿途写下《峨眉山月歌》等脍炙人口的诗篇。

峨眉山月歌

峨眉山月半轮秋，影入平羌江水流。
夜发清溪向三峡，思君不见下渝州。

二、杜 甫

杜甫（712—770），字子美，自号少陵野老，原籍湖北襄阳，寄居河南巩县。他是唐代伟大的现实主义诗人，被后世称为"诗圣"，他的诗被称为"诗史"。唐永泰元年（765年）五月，杜甫离开成都，六月船至戎州，受到刺史杨使君的热情欢迎。杨使君在城内东楼设宴款待，杜甫即席赋诗。之后，杜甫乘船经南溪顺江而下。第二年在夔州（今奉节）时，杜甫又写下《解闷》组诗。

宴戎州杨使君东楼

胜绝惊身老，情忘发兴奇。
坐从歌妓密，乐任主人为。
重碧拈春酒，轻红擘荔枝。
楼高欲愁思，横笛未休吹。

解闷（十二首之一）

忆过泸戎摘荔枝，青枫隐映石逶迤。
京中旧见无颜色，红颗酸甜只自知。

三、苏 轼

苏轼（1037—1101），字子瞻，号东坡居士，世称"苏东坡"，眉山（今四川眉山市）人。他是北宋大文学家、大书画家，是"唐宋八大家"之一，同黄庭坚、米芾、蔡襄并称书坛"宋四家"，对后世产生了很大影响。苏轼曾任杭州知州等，官至礼部尚书，仕途曲折，体恤民情，卓有政声。嘉祐四年（1059年）十月苏轼奉诏还朝，与弟苏辙侍父苏洵，自眉山乘舟东下，经过叙州时写下《戎州》《过宜宾见夷中乱山》《夜泊牛口》《牛口见月》等诗。

夜泊牛口

日落红雾生，系舟宿牛口。
居民偶相聚，三四依古柳。
负薪出深谷，见客喜且售。
煮蔬为夜飧，安识肉与酒。
朔风吹茅屋，破壁见星斗。
儿女自咿嘎，亦足乐且久。
人生本无事，苦为世味诱。
富贵耀吾前，贫贱独难守。
谁知深山子，甘与麋鹿友。
置身落蛮荒，生意不自陋。
今予独何者，汲汲强奔走。

四、黄庭坚

黄庭坚（1045—1105），字鲁直，自号山谷道人、涪翁，洪州分宁（今江西修水）人。他是北宋著名诗人、书法家，曾任国史编修、起居舍人等，参加修撰《神宗实录》，以"修史不实"罪贬涪州别驾，黔州安置，后移戎州安置。元符元年（1098年）六月黄庭坚溯流抵戎州，建中靖国元年（1101年）春离开戎州。在戎州近三年里，黄庭坚途经南溪、江安二县，多次乘舟游历戎泸之间诸多景点，广交地方文化名流，经常诗酒唱酬，创作诗词赋近百首。黄庭坚为苏门四学士之一，江西诗派的开山祖师。《宋史》本传载，"泊然不以迁谪介意，蜀士慕从之游，讲学不倦，凡经首授，下笔皆有可观"。明代周洪谟《重修涪翁祠记》称："一州以涪翁重诗书礼义之泽，渐渍至今。"

鹧鸪天·坐中有眉山隐客史应之和前韵即席答之

黄菊枝头生晓寒，人生莫放酒杯干。风前横笛斜吹雨，醉里簪花倒著冠。
身健在，且加餐。舞裙歌板尽清欢。黄花白发相牵挽，付与时人冷眼看。

采桑子·送彭道微使君移知永康军（之二）

马湖来舞钗初赐，笳鼓声繁。贤将开关，威詟西山八诏蛮。
南溪地逐名贤重，深锁群山。燕喜公闲，一斛明珠两小鬟。

再次韵兼简履中、南玉三首（之三）
锁江亭上一樽酒，山自白云江自横。
李侯短褐有长处，不与俗物同条生。
经术貂蝉续狗尾，文章瓦釜作雷鸣。
古来寒士但守节，夜夜抱关听五更。

五、陆 游

陆游（1125—1210），字务观，号放翁，越州山阴（今绍兴）人，南宋文学家、史学家、爱国诗人。陆游于乾道六年（1170年）夏入蜀，曾任夔州通判、成都安抚司参议官等，后任实录院同修撰、宝章阁待制等。陆游著有《剑南诗稿》《放翁词》《入蜀记》《南唐书》等，自言"六十年间万首诗"。其诗作《书愤》《游山西村》《示儿》等被选入中小学教材，被广为传颂。淳熙五年（1178年）春陆游应诏离蜀，经水路过叙州时，作诗《叙州》三首。其子陆子虡在《〈剑南诗稿〉跋》中称，陆游到叙州时，"乐其风土，有终焉之志"。

叙州（之二）
文章何事触雷霆，风雨南溪自醉醒。
八十年间遗老尽，坏堂无壁草青青。

六、范成大

范成大（1126—1193），字致能，晚号石湖居士，吴郡（今江苏苏州）人，南宋著名诗人，官至资政殿大学士。他的诗题材广泛，以反映农村社会生活内容的作品成就最高，著有《吴船录》《四时田园杂兴六十首》等。范成大与杨万里、陆游、尤袤合称南宋"中兴四大诗人"。淳熙四年（1177年）四川制置使、成都知府任满，范成大奉诏还京，六月自成都放船东下，七月经叙泸之间，其间写有诗作《宣化道中》《将至叙州》《七夕至叙州登锁江亭》《江安道中》《南定楼》等。

七夕至叙州登锁江亭
水口故城丘垄平，新亭乃有絙铁横。
归舻击汰若飞渡，一雨彻明秋涨生。
东楼锁江两重客，笔墨当代俱诗鸣。
我来但醉春碧酒，星桥脉脉向三更。

七、程公许

程公许（1182—1251），叙州宣化（今宜宾县）人，《宋史》有传。程公许曾任太常博士、著作郎，兼国史编修、太常少卿，后迁中书舍人、礼部侍郎、刑部尚书、龙图阁学士，著有《尘缶集》《内外制奏议》等。宜宾县离南溪县较近，程公许出川入川途经南溪。《风雨过南溪》一诗录自《全宋诗·程公许集·卷一》。

风雨过南溪
小艇溯洄稳，短蓬兴寝劳。
断崖榨倒影，乱石水翻涛。
过雨山如沐，终风晚更饕。
愁须诗自遣，吟罢转萧骚。

八、杨 慎

杨慎（1488—1559），字用修，号升庵，四川新都人，获明正德六年（1511年）辛未科殿试一甲第一名（状元），授翰林院修撰。嘉靖三年（1524年），杨慎因"大礼议"受廷杖，谪戍云南永昌卫（今云南保山市）。此间，杨慎多次途经叙泸之地，并与南溪进士刘景寅（参之）、刘景宇（承之）兄弟诗酒唱和，友情深厚。《明史》称其："明世记诵之博，著作之富，推慎为第一。诗文外，杂著至一百余种，并行于世。"嘉靖三十八年（1559年）七月，杨慎卒于戍地，后追赠光禄寺少卿，追谥文宪。杨慎在《明史》上有传。

舟次叙州
嘉州一日至叙州，好似乘风列子游。
乌鹊南飞明月里，喜声先报蕊珠楼。

南溪舟中与刘承之话旧
晴江初月对佳人，明烛深林慰苦辛。
征棹来帆成白首，鸣俦啸侣忆青春。
万重关塞浮云外，咫尺沧浪积水滨。
歌罢语阑还别去，朔风寒雪倍伤神。

过南溪怀二刘参之承之兄弟
京国交游四十春,刘家兄弟最情亲。
风流云散三生梦,水逝山藏一聚尘。
沙步维舟催解缆,邻村闻笛倍沾巾。
可怜烟草江安树,愁见当年送别津。

九、王士禛

王士禛(1634—1711),号阮亭,别号渔洋山人,山东新城人。王士禛由扬州推官累迁户部郎中。王士禛以诗受知康熙,被眷遇甚隆。王士禛为清初诗坛领袖,论诗主"神韵说"。康熙十一年(1672年)六月,王士禛奉典四川乡试,典试毕,九月自成都出发东归,经嘉定,过叙州,顺江而下,十月抵重庆,游览巴蜀,多有题咏。

叙郡锁江亭晚眺
望望朱提路,夕阳千万山。
落霞明极浦,飞鸟近南蛮。
城角旌竿直,江亭铁锁闲。
郁姑台咫尺,烟霭画图间。

过江安县
斜日五津渡,青山铜鼓滩。
蛮江来浩荡,行路饱艰难。
晚市稀橙客,荒园罢桔官。
波涛三百里,犹是怯兵栏。

十、张问陶

张问陶(1764—1814),号船山、蜀山老猿,四川蓬溪人。他是清代杰出诗人、诗论家,著名书画家,曾任翰林院检讨、江南道监察御史、吏部郎中、山东莱州知府,著有《船山诗草》等,存诗3 500余首。张问陶与袁枚、赵翼合称清代诗坛"性灵派三大家",被誉为清代"蜀中诗人之冠"。乾隆五十七年(1792年)冬月,张问陶由蓉至渝,舟行二旬,成诗三十,纪游揽胜,其中有《壬子十一月二十八日舟发成都纪事》《嘉定舟中》《犍为道中》《腊八日过叙州》(二首)、《南广诗》《江安舟中遣怀》《泸州》(三首)等诗。

腊八日过叙州（其一）
风掠晴云淡不收，夕阳吹影上扁舟。
贴山楼殿平如画，插水林峦碎欲流。
爆竹声繁逢腊日，荔枝香冷过戎州。
船窗自击泥头酒，味谏轩南为少留。

十一、刘光第

刘光第（1859—1898），四川富顺县赵化镇人，著名的"戊戌六君子"之一。1882 年，刘光第乡试中举，次年殿试二甲第八十八名进士出身，授刑部候补主事。1898 年 4 月 23 日，光绪宣布变法，刘光第参与新政。当年 9 月 24 日慈禧发动政变，刘光第被捕，于 9 月 28 日壮烈殉难。

1986 年中华书局《刘光第集》中收录多首刘光第写南溪的诗，如：

春日南溪道中 戊寅（二首）
春云斜界远天横，古意犹存僰道平。
一路鹃声随客过，桐花风里又清明。

人家竹树锁芳洲，睥睨高登望客舟。
为谒神祠瞻古烈，猛风吹雨过城头。

"戊寅"：即光绪四年（1878 年），此年刘光第 19 岁。芳洲：瀛洲岛。此诗描绘了刘光第春天从南溪城到宜宾城的所见风物与离情别绪。

南溪道中 壬午
溪边老橙新着霜，三颗两颗压波黄。
树根生菌大如斗，时有鹭鹚来啄香。

此诗作于光绪八年（1882 年），刘光第当时 23 岁。此年刘光第乡试中举，秋冬之季北上应会试。本诗写的是刘光第舟行长江，看到南溪大中坝滨江一带橙子金黄的深秋景象。

十二、赵　熙

赵熙（1867—1948），字尧生，号香宋，四川荣县宋家坝人，清代著名文学家、书法家。他是光绪十八年（1892 年）进士，授翰林院国史馆编修，转监察御史。世称其为"晚清第一词人"，有《香宋诗前集》《香宋诗钞》《香宋词》印行。民国时赵熙为蜀中五老七贤之一。

1937年，赵熙应嘉州、渝州门人为自己做七十寿庆之邀，自嘉州经叙州至泸州，乘舟东下，写下《自犍为至叙州》《宜宾》《过南溪》《过江安》《江安寄传度》等诗。

过南溪

白头初次此行舟，水秀沙明见驿楼。
大好梦中残醉醒，不知名处数峰秋。
人于僰道音微变，中有岑公老更留，
便过江安更东下，卅年身不到泸州。

过江安

旧日桐云阁在无，莫欺杨子是乡儒。
白云细雨归来早，解挂春山作画图。

江安寄传度

昨朝病酒卧招提，今过南溪向纳溪。
红树也知方丈影，小名家画配椒畦。

十三、俞陛云

俞陛云（1868—1950），浙江德清人，近代学者，清末朴学大师俞樾之孙，现代著名红学专家俞平伯之父。他是光绪二十四年（1898年）殿试探花。光绪二十八年秋（1902年9月26日），俞陛云乘船过南溪时写下诗篇：

舟行南溪（三首）

（一）

村鸠啼过国公滩，石笋嶙嶙路曲盘。
渐觉吴绵轻称体，压篷山翠作秋寒。

（二）

榜人催桨十枝齐，夹岸芦花向客低。
一片朝霞红未散，满山楼阁映南溪。

（三）

天际江安一角城，丹椒青菁两边生。
依稀云栈来时路，卧听悬崖响瀑声。

此诗录自俞陛云《蜀輶诗记》（上海书店1986年12月第一版），《蜀輶诗记》卷上详细记载："光绪二十八年壬寅五月，奉命典蜀试。"《蜀辀诗记》卷下记载："九月十七日蜀闱校士（考场开卷）毕，乞假三月回籍省亲……二十六日。行二十里，南广。二十里，国公滩。金沙江万里来会，其流益悍。二十里，李庄。三十五里，石笋沱，石状如笋，吐纳涛声。二十里，三滩子。十里，南溪县。城据北岸，山上烟翠纷错，对岸塔影楼阴，冠岩带阜。舟折而南，三里，九龙滩。十里，石城墙。十里，木头浩，蜀人呼港为浩（注：这里的"浩"均应作"灏"）。五里，罗锅矻。五里，磨盘滩。十里，香炉滩，顺流疾下，瞥眼已过。冬寒水落，则奇险环生。十里，江安县，南岸苍崖环以女墙一线，北山亦有楼榭，题'江城如画'四字，风景秀绝。"

诗人十分仔细地询问并记录沿途地名，处处写诗，为我们留下了宝贵的文史资料。此三首诗，便是诗人于江上行船时的即兴之作，通俗晓畅，明白如话。

十四、黄炎培

黄炎培（1878—1965），字任之，江苏省川沙县（今上海市浦东新区）人，近现代著名爱国民主人士，职业教育家。中华人民共和国成立后他曾任政务院副总理兼轻工业部部长、全国人大常委会副委员长、全国政协副主席等。抗战初黄炎培积极救亡，组织川康考察团并任副团长，1939 年考察团途经宜宾、南溪、江安、泸州等地，他留下诗作《宜宾——二十八年四月四日》《南广三青年——二十八年四月六日》《南溪——二十八年四月七日》《江安——二十八年四月八日》等。

南广三青年——二十八年四月六日
三个小英雄，爱国汪童，
典兵未及去从戎。
看甘心投笔，别母而东。
张耀光乎！尚彬儒乎！舒光明乎！
姓氏都应付史公。
一纸书来，慰问慈容，
无以儿为念，待他时杀敌成功，
还家一骑，高堂拜见乐融融。
此义大堪风，

愧煞青年多少，标语一声空。
问俗来南广，热泪欲沾胸。

　　南溪——二十八年四月七日
瀛洲仙阁今何在？一片苍凉沙渚。
沙沉处，彻夜宝光腾吐。
富媪何曾爱宝，未应遍地嗷鸿苦。
货弃地，良堪恶。
一齐抛却私囊，普天下莫非国土；
况艰难天步，民生国计谁来顾？
南溪一夕，听父老，衷肠诉。

第三节　旅游概览

一、南溪区景区概览

南溪区，是国家推进长江经济带、成渝经济区、川南城市群等重大战略的叠加区域，是区域中心大城市宜宾的城市副中心（南溪新城见图 5.10），享有"万里长江第一县、中国豆腐干之乡、四川白鹅之乡"等美誉，先后荣获"全国宜居宜业典范区、全国最美文化休闲旅游名区、四川最美古镇"等称号。南溪以"仙源南溪，翡翠江城"为定位，实施"全域旅游、赛事旅游、乡村旅游"战略，目前优质景区主要有：南溪古街（国家 AAAA 级旅游景区）、朱德旧居、豆腐干博物馆、凤凰大道、长江 1 号大道、长江湿地公园、江南双塔、犀牛湖、月亮湾、瀛洲岛、云台山、红岩山、罐口、川南休闲谷等。相关配套设施主要有：旅客中心、文体中心、五星级酒店 1 家、准五星级酒店 1 家、准四星级酒店 4 家、3A 级旅游厕所 2 个、乡村旅游示范乡镇 3 个、中国特色旅游商品金奖 1 家、星级农家乐 17 家。

图 5.10　南溪新城一角

二、裴石镇旅游概况

裴石镇为南溪东部门户，荣获"省级环境优美示范乡、省级生态村、市级新农村建设先进单位"等荣誉（裴石社区见图 5.11）。裴石镇围绕"乡村振兴战略"，以创建"南溪区乡村振兴示范片"为抓手，打造生态休闲乡村旅游文化品牌。目前镇内主要景区景点有：月亮湾十里荷花长廊、巴蜀家风传承示范基地、黄邓氏节寿墓坊、黄家大院、龙驹桥、鸡叫山、龙宝山、瀛洲岛、中坝柑橘园、裴丰葡萄园等。目前裴石镇主要有中国汽车场地越野锦标赛、抓鱼钓鱼比赛、龙舟赛、荷花节、品果游园节等旅游赛事活动。

图 5.11　航拍裴石镇裴石社区（黄益修 摄）

三、瀛洲岛旅游盛况

（一）340年的记忆情结

南溪现存最早的清康熙二十五年（1686年）版《南溪县志》记载：康熙二十年（1681年）到任南溪知县的王大骐《登城》一诗有"西漾桂轮摇月夜，东浮瀛阁起晴烟"之句，对瀛洲阁美景赞赏有加。

清嘉庆十七年（1812年）版《南溪县志》记载：清康熙五十七年（1718年）到任南溪知县的宋鉴，首次以"镇澜夜月"为题作诗，赞赏瀛洲阁美景。该志也记载了何瑞图"南溪八景诗"（仅录五首），只不过宋诗题为"镇澜夜月"而何诗题为"镇澜月夜"。何瑞图，南溪人，岁贡生，清雍正五年（1727年）选授四川郫县训导。该志也记载了南溪县令罗道达撰写的《别拟仙源八景词——调寄鹧鸪天》八首，其景点名称与宋鉴诗有较大差异，他将瀛洲阁风景命名为"瀛洲竹雨"。罗道达，云南大姚人，拔贡生，清乾隆三十六年（1771年）任南溪知县，旧县志称其"词翰清丽"，所撰"八景词"可证此言不虚。

道光二十年（1840年）版《南溪县志》首次刊印了《瀛洲阁图》《于忠肃公庙图》，保存了距今178年前的瀛洲阁及周边景点的图像，十分珍贵。

1874年同治版《南溪县志·形胜》记载瀛洲阁："县东八里许，中流有洲，建阁于上，曰'瀛洲'。当秋景澄清，皓月初升，自瀛洲而上，虽万顷波澜，西来东泻，而水月交映，如一片琉璃，朗然镇定。诚一邑之胜也。"

1937年民国版《南溪县志·舆地》记载瀛洲阁："此地夙为县人游赏之地。当秋景澄清，残霞弄影，孤蟾浮天，波澜万顷，水月交映，如一片琉璃，朗然空洁。旧志载'镇澜夜月'为县八景之一。"

2000年3月，南溪县在举办梨花节期间推出20处南溪新景点。南溪人曹兴华在其《南溪新景点小韵》一文中拟将瀛洲阁景点命名为"残阁涛声"。

可见，瀛洲阁一直是近340年来南溪民众及地方官员休闲游赏的胜地和文化传承的高地，相关吟咏诗文更是层出不穷，锦绣连绵，光耀史册（详见本书"艺文荟萃"）。

（二）仙源古岛的现代魅力

清代乾隆时南溪县教谕何毓聪在其《建修瀛洲阁碑记》中称"瀛洲，仙源古岛也""形如砥柱,真胜迹也"。此文距今已260年了。"门前流水自消长,石上浮云闲往来"(刘景寅)。时光荏苒,仙源古岛的现代魅力何在呢?

瀛洲岛是南临长江的沙洲小岛,每年涨水期则孤岛四面环江,形如中流砥柱,蔚为大观;枯水期则形如半岛,以卵石沙滩和小型湖泊(或称内河)与北岸陆地相连。岛上四季翠竹茂密,如同碧绿皇冠,清凉惬意,江水悠悠,沙滩绵绵,卵石闪闪,最宜抚慰疲惫和流浪的心灵。

岛上古迹瀛洲阁,其下为救生高台,有23级台阶。高台侧面有洪水位刻度及历年洪水标记。1992年在原来方形台基的迎水面加了半圆形石砌物,以减少上游洪水冲力,并在原址上重修二层楼阁,重上彩绘,此后游人大增。可惜目前瀛洲阁已较破败,亟须修缮。阁前的两株百年桂圆老树,忠实地守护着高台高阁和江岛人家。

岛上居民以打鱼和种植为主,除传统的烟叶、花生、油菜、红苕之外,近20年居民又在肥沃松软的沙滩地种植西瓜、甜瓜,2015年还成立了瀛洲阁农业专业合作社,为本土特产瓜果注册了"瀛洲阁"商标。

在国家实施"乡村振兴、生态旅游、绿色共享"发展理念的大背景下,南溪瀛洲岛必将以其独特的区位、神奇的传说、悠久的古迹、迷人的江滩、茂密的翠竹、古朴的民风、激情的赛事,赢得更多游客的青睐和更加远大的前程。

第四节 生态环保

一、前人意识

瀛洲有阁峙江心,近为披沙浚渐深。

小厂方船都逐尽,丁宁切莫再淘金。(见图5.12)

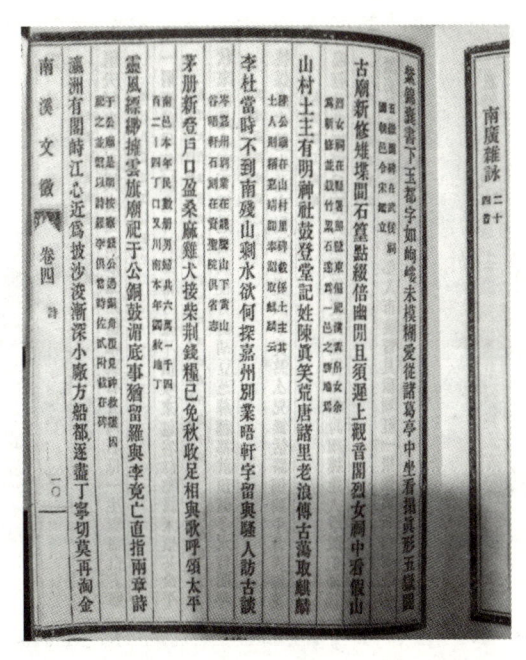

图 5.12　南溪知县翁霆霖《南广杂咏》中的诗篇

翁霆霖，福建莆田人，清乾隆时任南溪县知县。他在此诗诗尾自注："瀛洲阁为南邑要区，时有在此淘沙者，余力严禁。"

瀛洲岛附近，沙滩卵石间为富含沙金之地，历代都有人不顾瀛洲阁古迹和岛上居民的安危，在周遭深挖、淘金，从而严重破坏自然生态，留下道道"伤痕"。翁知县曾明令禁止，并将此事写入诗篇，载入史册。封建时代的地方官吏都有的生态环境保护意识，部分现代人却比较冷漠、无知，甚至势利、短视。

20 世纪 30—40 年代，在南溪于公庙庙门右侧粉墙上，贴有当时县长署名的关于保护森林、保护庙产的"告示"。

可见，前人也是有生态环保意识的，对瀛洲岛的保护起到了积极作用。

二、河道管理

长江干线宜宾合江门至泸州纳溪 91 千米航道（简称叙泸段）属国家Ⅲ级航道。该段航道位于川江最上游，上与金沙江、岷江相接，下与三峡库区、泸渝段航道及川江港口整体相连，是连接云、贵、川、渝三省一市的水运主通道。

1990 年南溪县防洪办在河道管理中，推进了长江县城河段的"三线"

（设计水位线、保证水位线、警戒水位线）的划定工作。1991年11月，南溪县水电局河道管理处成立，其职责一是开展河道采砂管理工作，二是开展河道清障工作。长江航道南溪管理处办公船舶见图5.13。

图 5.13　长江航道南溪管理处办公船舶

2017年9月至11月，长江宜宾航道局实施浮标规范化、标准化工作，统一浮标颜色、尺寸、标识，并喷涂标语及维护单位的联系方式，在浮标标体上安装标识牌，将更多的航标信息提供给过往行轮，提供更"贴心"的服务（见图5.14）。

图 5.14　川江航道南溪段浮标

三、渔政作业

1955年起，政府开始组织农业社在南溪长江沿岸笼笼沱、金鸭儿、鱼窝头、纳沙窝等地，放巢采卵，繁殖鱼苗，南溪县人民委员会还发布公告加以保护，禁止在产场捕捞产仔鱼。1985年9月21日，南溪县政府颁发《关于加强渔政管理的布告》，规定专、副业捕鱼者重新申请取得渔业许可证后，方能进行作业。当年年底南溪相关部门共发证28份。

1990年起，南溪县认真贯彻落实四川省《中华人民共和国渔业法》实施办法，合理捕捞，保护、增殖和开发渔业资源，促进渔业生产的发展。该办法于2004年、2016年先后修订。办法规定：天然水域的禁渔期为每年的3月1日至6月30日（原为2月1日至4月30日）。

据宜宾新闻网2018年2月28日报道：从3月1日起，宜宾市境内天然水域禁渔期正式开始。禁渔期将持续到6月30日，为期4个月。禁渔期期间，所有天然水域都将禁止捕捞作业（经农业部批准科研、监测捕捞的除外）、游钓和水禽放养；禁止扎巢取卵、挖沙采石；禁止销售、收购在禁渔期和禁渔区内捕捞的渔获物。

据南溪区信息中心2017年8月7日报道：8月4日，南溪区畜牧水产局在滨江广场集中销毁了一批禁用渔具。在销毁现场，南溪区渔政执法和环境监察人员将收缴的丝网、地笼、豪网、电鱼设备等各类禁用渔具集中放置于滨江广场中央，10多名执法人员与群众代表手持裁纸刀、剪刀等工具，将这些违规捕捞渔具进行销毁；集中销毁报废后，统一运至垃圾场填埋。年初以来，南溪区水政渔政监察大队通过日常巡查、受理举报、"打击电鱼等非法捕捞行为"专项活动、"禁渔期、禁渔区"集中整治活动，以及与南溪区环境监察大队、沿江乡镇政府、派出所等开展联合执法行动等一系列行动，使南溪区辖区内的长江沿线成功实现"无非法电鱼行为，非法网鱼、非法安放地笼等非法捕鱼行为得到有效遏制"的目标。2017年3至7月共收缴丝网12副、地笼78只、豪网7只、电鱼杆5条，并进行了集中销毁，有效地打击了长江沿线的非法捕鱼行为。这次集中销毁不仅是打击违法捕捞行为的成果展示，对于震慑违法捕捞分子、保护长江渔业资源和长江水域生态环境起到积极促进作用，也是开展长江上游珍稀鱼类保护区的环境整治和贯彻落实河长制的工作要求。

四、河长制

据南溪区信息中心2017年4月19日报道：河长制全面部署实施以来，南溪区强化举措，狠抓落实，全面推进河长制工作（河长公示牌见图5.15）。

图 5.15　裴石镇河长公示牌

（1）建立分级管理体系。当地成立了南溪区全面落实河长制工作领导小组，设立了第一总河长，总河段长及总河段长办公室，在开展河湖现状调查的基础上，对长江河、黄沙河、观音滩等 15 条跨县（区）、乡的河流设立了由 30 名区党政领导担任的区级河段长。

（2）明确分工落实责任。根据部门职能职责，当地提出了水资源保护、河湖岸线管理、水污染防治、水环境治理、水生态修复、执法监管等任务，细化实化了工作任务；充分发挥水务、环保、发改、财政、国土、住建、交通、农业、卫生、林业等部门的优势，协调联动，各司其职，加强对河长制实施的业务和技术指导。

（3）广泛宣传营造氛围。当地以"世界水日""中国水周"专题宣传为契机，利用"科普下乡""水知识进校园"等活动，广泛宣传河长制的重大意义及最新进展，在乡镇车站、公路沿线、水库周边书写宣传标语 200 余条，张贴发放主题宣传单 3 000 余份。

（4）严格考核问责。当地实施河长制工作专项考核，纳入各级党委、政府目标绩效实施差异化评价考核，考核结果作为党政班子及成员综合考评的依据，作为领导干部自然资源离任审计和生态环境损害责任追究的内容，工作落实不力的将受到严肃追责。

第五节 央视报道

2010年7月23日，中央电视台7频道《乡土》栏目摄制组到南溪瀛洲岛采访拍摄并制作"七夕"专题节目（见图5.16）。8月16日，央视专题节目《乡土·小岛上的七夕》首播，主要介绍万里长江第一岛瀛洲岛的七夕风情：岛上渔家、青年打泥巴仗、老人喝养身豆浆、吹古乐哈号。

图5.16 央视《乡土》栏目摄制组走进瀛洲岛（古仁田 摄）

《乡土》是中央电视台七套农业节目播出的一档农业纪录片类栏目。该栏目以"乡而不俗，土而不粗"的气质，将诗意生动的画面和平实质朴却带有哲理的语言，呈现给观众，如同一道文化大餐。

2014年9月26日下午17:15—18:00，中央电视台中文国际频道（CCTV-4）《远方的家》栏目推出的《江河万里行》系列节目播出了宜宾专集——第108集《万里长江第一城》，其中"南溪瀛洲岛"部分时长13分30秒。

中央电视台中文国际频道CCTV-4《远方的家》栏目隆重推出的大型系列特别节目《江河万里行》，以中国知名的大江大河为主线，以其众多支流为副线，以不同流域的自然人文风情为载体，以生活在江河沿岸的民众为主体，全景展示中国江河的自然风貌以及"人水相依"的生活图景。

《江河万里行》栏目组于2014年6月15日至6月21日到宜宾进行采访拍摄，先后赴长宁县龙头镇竹荪基地、蜀南竹海景区、江安县仁和百竹海响水洞、兴文县僰王山镇、南溪区裴石乡瀛洲岛等地（见图5.17），从不同侧面展示宜宾的自然美景、人文历史、风土人情、特色物产等资源，让更多人了解宜宾，走进宜宾，进一步提升宜宾的知名度和影响力。

图 5.17　央视《江河万里行》栏目摄制组走进瀛洲岛
图片来源：央视《江河万里行》栏目。

第六节　汽车赛事

一、2016 年

2016 年 4 月 17 日至 20 日，2016 "北大培文宜宾国际学校杯"四川·南溪中国汽车场地越野锦标赛，在宜宾市南溪区瀛洲岛对面沙滩隆重举行，本次比赛共吸引了来自全国各地 22 支车队的 68 辆赛车参赛。中央电视台第五频道对本次决赛盛况进行了直播（见图 5.18）。

图 5.18　"北大培文宜宾国际学校杯"四川·南溪中国汽车场地越野锦标赛
图片来源：越野 e 族。

2016 四川·南溪中国汽车场地越野锦标赛（COC），是列入年度全国体育竞赛计划和中国汽车运动联合会赛历的顶级赛事，为我国三大汽车赛事之一。比赛设计了漂移湾、沙坑路、轮胎路、水坑、六连峰、右则湾、驼峰、水路、台阶路、飞车台、特殊障碍等 11 个障碍；同时由于较以往规则有所改变，本次比赛还开创了中国 COC 历史上六车同发的先例。

二、2017 年

2017 年 4 月 14 日至 17 日，2017"丽雅杯"四川·南溪中国汽车场地越野锦标赛，在宜宾市南溪区瀛洲岛对面沙滩隆重举行。本次比赛有 30 个车队参赛，分汽油厂商组、柴油厂商组、汽油改装组、柴油改装组、公开组、UTV 组、开放组、女子组共 8 个组别进行比赛。现时国内最高水平的 100 余名赛车手在比赛中为大家演绎精彩与刺激，其赛事处于国内顶尖水平。中央电视台第五频道对本次决赛盛况进行了直播（见图 5.19）。

图 5.19 "丽雅杯"四川·南溪中国汽车场地越野锦标赛
图片来源：四川新闻网。

在 4 月 14 日发车仪式之后，30 个参赛车队排成一字长龙，跨越卵石纵横、高低不平的河滩，环绕瀛洲岛一圈。来自全国各地的 100 余名车手初步体验了万里长江第一岛的迷人风光。

三、2018 年

2018 年 4 月 21 日至 23 日，2018"五粮液杯"四川·南溪中国汽车场地越野锦标赛在长江之滨的瀛洲阁赛场举行（见图 5.20）。本年是南溪承办该赛事的第四个年头，每年南溪站比赛都有新亮点。本届比赛在赛道中新增水泥路面的漂移弯和断崖飞车台，对参赛选手的综合素质要求更高，多车过弯漂移也是本届场地越野赛的一个全新观赏亮点。来自全国各地 30 支车队的近 100 辆车参赛，阵容里面几乎囊括近十年的冠军车手。央视体育频道 CCTV5 于 4 月 23 日下午 14:50—16:20 对决赛进行了直播。

图 5.20 "五粮液杯"四川·南溪中国汽车场地越野锦标赛
图片来源：宜宾新闻网。

第六章 艺文荟萃
YIWEN HUICUI

瀛洲

第一节 明清及民国时期诗文辑录

一、诗歌

普惠寺钟声
明·嘉靖·高旸

傍岭僧房傍晓钟，悠然金阙控飞龙。
莲生马湛翻晴雪，偈感鸡鸣逐晓风。
滩震遏云频击鼓，溪寻摩稻漫扶筇。
群仙此日成佳会，凤管鸾笙喜再逢。

【提示】高旸，湖广人，明嘉靖时任南溪县令。马湛，自注"溪名"。鸡鸣，自注"山名"。击鼓，自注"寺对岸为铜鼓滩"。摩稻，自注"溪名"。作者写出了文友在普惠寺集会的欣喜氛围，借助周边景致道出了深厚的友情。

登 城
清·康熙·王大骐

登城一望水天连，滚滚桃花卷地帘。
西漾桂轮摇月夜，东浮瀛阁起晴烟。
文琴有意冥中合，白鹭无心碛上眠。
身坐落霞思不浅，晚风岸泊楚江船。

【提示】此诗录自《康熙·南溪县志·艺文志》。王大骐，清康熙时任南溪知县。桃花：即桃花汛。此诗写登南溪城楼所见：万里长江，水势浩大，江船往来便利。全诗境界阔大，气势雄浑。形象丰满，气韵生动。

龙腾晚照
清·康熙·宋鉴

山色暮仍早，日落西复东。
夕阳无限好，尽在龙腾中。
江波远射壁，野火忽烧空。
清磬破烟鸣，归鹤带霞烘。

低映瀛洲绿，高曝满城红。
　　蔼蔼初升时，此景将毋同。

【提示】宋鉴，清康熙时任南溪知县。东边，江波映绿了江心沙洲上的瀛洲阁；西边，晚霞中透射的强烈日光，照得满城通红。日出日落，周而复始，轮回不绝。龙腾晚照的景色，永远奇幻瑰丽，蕴藉空灵。

海楼烟雨
清·康熙·宋鉴

　　海楼似画图，苍苍而莽莽。
　　烟雨接瀛洲，一气浑无两。
　　携酒时登临，奇观惬幽赏。
　　红树迷远津，轻舠飞画桨。
　　都在云气中，微茫费摹仿。
　　真不隔仙源，奚羡南湖上。

【提示】作者通过对雨中漂海楼的描写，表达了一种轻松愉悦的心情。诗人善于描摹烟雨朦胧的山水景色，反映一种朦胧美。

镇澜夜月
清·康熙·宋鉴

　　人爱江水清，我爱江水白。
　　江清逝如斯，月白介于石。
　　一镜涌洄澜，了了无痕迹。
　　江流月不流，江隔月不隔。
　　天上有往来，人间无变易。
　　此理试潜窥，千潭妙可获。

【提示】此诗明白如话，却道理玄妙；以义理入诗，寓理于景；语言清丽，情理绵邈。

镇澜月夜
清·雍正·何瑞图

　　东望杳无际，江心孤屿横。
　　霞飞沙灿白，雨过水添清。

露气蒸云湿，波光助月明。
滩声频送响，夜夜到孤城。

【提示】作者是南溪人，岁贡生，雍正五年选授郫县训导。诗中一个"横"字，笔力千钧；一个"飞"字，气韵灵动；一个"蒸"字，境界全出。全诗清新明快，通俗晓畅，全用白描，寓情于景，对仗工稳，用字贴切，体现了非常高的文学造诣。

瀛洲阁
清·乾隆·郭城

徒闻海外有瀛洲，此地称名亦偶侔。
四面大江全抱寺，千寻杰阁半临流。
廉纤雨洗琅玕竹，洒落人居缥缈楼。
莫谓仙凡真个隔，桃花浪里渡轻舟。

【提示】郭城，南溪人，乾隆时举人。侔：相同。诗从海外着笔，曲折有致；大处落笔，气势开朗；小处细写，清新洒脱。诗的结尾再翻覆一次，犹如平地起波澜。

瀛洲竹雨——调寄鹧鸪天
清·乾隆·罗道达

雨过江村涌乱流，烟云竹树护瀛洲。
四山翠合千竿舞，二水波环一岸幽。
迎仙塔，拥星楼，方壶圆峤海中俦。
有士凭高闲眺望，晴沙面面浪花浮。

【提示】作者为云南人，乾隆时任南溪知县。俦：同辈。这个景点，原八景中称为"镇澜夜月"，说的是月夜景色，而"瀛洲竹雨"说的是白天。瀛洲阁的白天，确实也和夜晚各有千秋，别具风光。

铜鼓怒涛——调寄鹧鸪天
清·乾隆·罗道达

澎湃江声作鼓声，无端骇浪震山城。
扬波夜静旋龙泣，激石疯狂乍虎鸣。
扁舟急，暮云横，飞花溅水错瑶琼。

纵非金铁铮铮响，盈耳春涛怒不平。

【提示】此词状写瀛洲岛对面的铜鼓滩，该滩声如铜鼓，骇震山峦和县城；形如旋绕之龙、突现之虎；滩上水花飞溅，如打磨美玉，玉屑飞溅。铜鼓滩不是金铁铮铮作响，就是春涛愤怒不平。诗作将滩水写得生动形象，使人有身临其境之感。

铜鼓滩纪事诗
清·乾隆·钱载

身从舟底得生回，铜鼓滩声浪若雷。
五十余年今再起，功名心已变成灰。
蜀道难于七月程，家山迢远不胜情。
千滩万石奔流险，舟到人须履岸行。

【提示】此诗录自民国《南溪县志·舆地·于公庙》。钱载，浙江人，乾隆时进士，《四库全书》总纂，山东学政。诗作一纪铜鼓滩遇险，二叹念家之切。本诗词短而韵长（一说此诗作者为明正统进士钱溥，存疑待考）。

颂崔明府德政——修铜鼓滩
清·乾隆·刘天祚

奉命疏河道，波涛顿坦平。
水流铜鼓静，浪卷石盘轻。
舟筏行多稳，舳舻涉未深。
贤良多德政，送入棹歌声。

【提示】作者为南溪文人。此诗歌颂知县崔光仪带头捐资疏通铜鼓滩水道之事。铜鼓滩疏通后，水流平缓了，行船稳当了。这种德政，船民们用船歌来颂赞。本诗表明做官的人留下德政，是要载入史册的。

南溪宾兴诗（四首选一）
清·乾隆·翁霹霖

芳洲高阁拟蓬瀛，映带周遭水竹清。
暇日篙头曾一到，斜风篷背最多情。
地灵自合占新兆，才聚知应称旧名。
还记杨公遗迹否？夜来月下有琴声。

107

【提示】翁霆霖，福建莆田人，乾隆时任南溪县知县。诗首联自注："瀛洲阁在东门外，为南邑胜区。"诗尾联自注："旧志，古学宫旁有杨发遗迹。每闻琴声，必多科第。"

南广杂咏（二十四首选四）
清·乾隆·翁霆霖

（一）

灵风缥缈拥云旗，庙祀于公铜鼓湄。

底事犹留罗与李，竟亡直指两章诗。

【提示】诗尾自注："于公庙是明按察钱公过铜鼓，舟覆，神救护，因祀之，并系以诗。罗李俱当时佐贰，附载在碑。"诗记铜鼓滩于公庙庙会盛况。

（二）

瀛洲有阁峙江心，近为披沙浚渐深。

小厂方船都逐尽，丁宁切莫再淘金。

【提示】诗尾自注："瀛洲阁为南邑要区，时有在此淘沙者，余力严禁。"瀛洲阁附近，沙多黄金，历代都有人不顾高阁的安危，在周遭深挖、挖取。翁知县曾明令禁止这种行为，人当效仿之。不能因为开发而破坏环境，毁坏名胜古迹。

（三）

掠波最数老鸦秋，雨后鹭鸶平水流。

铜鼓九龙都过尽，赶船便直下泸州。

【提示】诗尾自注："老鸦秋，小船名。鹭鸶、铜鼓、九龙俱滩名，在南邑。附船曰赶船。"水涨船轻，南溪自古得水利之便。

（四）

叶子烟高说是魁，轻盈装出火为煤。

可怜远道多香草，添得相思一寸灰。

【提示】诗尾自注："本地多吃叶烟，装有一寸多高，其招牌曰'烟魁'。'相思'，烟名。"烟叶是南溪一大特产，魁于蜀南。当地民众有吸叶子烟的风俗。因南溪水路便利，商贸兴旺发达，远道而来之人甚多，故作者特以"相思"予以幽默。

南广竹枝词（三十六首选一）
清·道光·万清涪

春台只唱上文昌，看戏人兼妇女忙。
一处年来添雅集，瀛洲草绿各冠裳。

【提示】作者为南溪人，拔贡，授直隶州州判。诗尾自注："往时，上下文昌宫演戏庆祝，谓唱春台。近下街停戏矣，士女聚观，喧杂尤甚。瀛洲阁文昌祠，官绅诹吉日另祭，称整肃焉。"诗作反映，为节缩开支，下文昌宫的戏停演了，戏只在一个地方演，拥挤嘈杂。当官的连看戏也等级分明，另外到瀛洲阁去搞"雅间"了。

夜泊瀛洲阁
清·道光·包本芳

晚天沙屿泊扁舟，万顷澄波淡不流。
鸾鹤梦酣三岛月，鱼龙吟破五更秋。
江城倒影浮前浦，星斗联珠聚上头。
忆否广寒宫里事，紫云一曲落瀛洲。

【提示】包本芳，南溪人，包宽之子。本诗写作者夜泊瀛洲阁时所见、所闻、所想。人世仙界，天上地下，放纵神思，大笔挥写；驱遣景物，得心应手；对仗工稳，流转自如。

武侯祠
清·道光·包本芳

汉阙荒凉紫气沉，灵旂暮雨树阴森。
风云阵合龙犹卧，祠宇春深鸟自吟。
西蜀挽回先帝业，南阳瘁尽老臣心。
大江东去经铜鼓，付与滩声愤古今。

宾兴之日得七律二首（选一）
清·咸丰·江怀廷

坐对琴山早放衙，堂前问字集侯芭。
尚流阙济孤桐韵，好种潘安满县花。
士有奇才应报国，文无定格要成家。

今朝指点瀛洲路，稳送秋风海上楂。

【提示】江怀廷，字兰皋，福建长汀人，进士，同治元年到任南溪知县。作者工辞赋，诗尤俊逸，著有《道腴堂集》梓行。其南溪宾兴二律，士林传诵。

春日偕友登瀛洲阁
清·同治·唐毓彤

招朋揽胜步瀛洲，小艇飘然去不留。
万叠晴山环曲岸，一条砥柱峙中流。
碧桃无语开楼角，黄鸟多情唤渡头。
兴废卅年缘底事，斜阳满目恨悠悠。

【提示】唐毓彤，江苏人，《清·同治·南溪县志》纂修之一。此诗写诗人和朋友们游览瀛洲阁的所见所感。诗中将明丽的春景和行将倾毁的楼阁对照写出，对比鲜明，题旨突出。

唐海琴明经有诗见示，次韵奉酬（四首选二）
清·同治·胡元翔

（一）

高会群英集，烦襟俗虑删。
客情同逝水，诗意托遥山。
灯火看明灭，渔舟任往还。
飞觞曾醉月，身拟在仙寰。

（二）

秋江涵素月，瀛阁镇中央。
匹练横天远，钟声杂漏长。
芳亭余古木，胜地感他乡。
忽忆丛祠里，联吟正纳凉。

【提示】胡元翔，浙江山阴人，国学生。第一首，写聚会，写诗情，写感受，纪实抒情。第二首，由眼前清秋风物，引出遐思，引发联想，抒发怀乡之思。该诗由近及远，由实达虚，由景及情，诗思绵邈。

树滋堂诗集题词（四首选一）
清·同治·邱晋成

龙腾山下翠烟横，瀛洲阁外瑶波清。

骚人墨客每崛起，始知山水常炳灵。

【提示】《树滋堂诗集》，南邑清恩贡生黄载元（字立三）撰。邱晋成（1846—1908），宜宾县人，清优贡生，任江安县教谕，编纂过《叙州府志》。

舟泊铜鼓滩
清·同治·包汝云

老鹳惊寒知漏信，大鱼吹枕作潮声。

于公祠下钟初动，猎猎旌旗白露横。

【提示】本诗选自民国《南溪文征》。作者为包弼臣之兄，书画家。诗作写铜鼓滩的潮声和于公庙庙会之盛。

瀛洲阁
清·光绪·曾鹤龄

阁昪临春势亦遒，果然砥柱作中流。

烟开波上通僧舍，日落滩前泊钓舟。

一撮无多能束口，三层可上许昂头。

岂徒海客供谈柄，长作仙源汗漫游。

【提示】作者为南溪人，光绪时举人，官至户部郎中。首句赞颂瀛洲阁面对大风大浪，如砥柱中流，坚不可摧。二、三句写瀛洲阁环境的闲逸潇洒。末句称许这里不是仅仅供海客作为谈话的材料，更可以长作自在的漫游。

龙腾山（四首选一）
清·光绪·曾鹤龄

日暮江天迥，微闻欸乃声。

犊归随草啮，鸟宿择枝鸣。

渔火明前渡，炊烟散满城。

须臾新月出，竹影任纵横。

【提示】作者善于描绘夕阳西下、江天一色的图景，生活气息非常浓郁。本诗虽题咏的是龙腾山，但换个视角看，写的更像是龙腾山下游不远处的瀛洲岛晚景。

瀛洲阁
清·光绪·黄开第

铜鼓大江东,九野沧溟汇。
一柱砥中流,势与蓬莱对。
九龙蟠阴岩,万马注奔濑。
无地起楼台,高出飞鸟背。
我来躐其岭,下视九州隘。
置身在青云,目空天地外。
缥缈三神山,咫尺入烟霭。
秦汉欲求仙,何必汛沧海?
东风万绿来,上巳群贤会。
一晁变沧桑,汀草纷映暧。
乃知仙岛中,瞥然阅人代。
水落晴沙高,渔唱发清籁。

【提示】黄开第,南溪人,光绪时举人。上巳:古时三月三春游节。晁:同"朝"。人代:人世。诗人神思飞越,视通万里,诗思勃发,笔尖泉涌,佳句迭出,目不暇接,写尽瀛洲阁的神奇绝妙,是一篇浪漫主义的佳作,是当今旅游诗词的范式和楷模。

漂海楼
清·光绪·黄开第

飞楼倚嵚崟,直拊长鲸背。
躐衣升崇椒,旷览乾坤态。
鸡鸣天半红,金轮出浣濑。
前滩九龙惊,蜩象闪百怪。
迫入渤澥中,万流注一浍。
天际轻舟来,势与风云会。
一气趋尾闾,骉突鹿走隘。
落帆望瀛洲,迥出人境外。
如驱于公潮,白马驭澎湃。
如乘宣尼桴,到此意亦快。
始叹木元虚,其赋足小大。

【提示】 作者登上漂海楼，极目远望，把远景与近景，宏观与细节的描绘有机结合，写出了辽阔的江天晨景。

春日南溪道中 戊寅（二首）
清·光绪·刘光第

（一）

春云斜界远天横，古意犹存僰道平。
一路鹃声随客过，桐花风里又清明。

（二）

人家竹树锁芳洲，睥睨高登望客舟。
为谒神祠瞻古烈，猛风吹雨过城头。

【提示】 此二诗录自《刘光第集》。刘光第（1859—1898）：戊戌六君子之一，四川富顺赵化人。戊寅：即光绪四年（1878年），此年刘光第19岁。芳洲：瀛洲岛。神祠：宜宾丞相祠。这两首诗写作者春天从南溪城到宜宾城的所见风物与离情别绪。

南溪（二十八年四月七日）
民国·黄炎培

瀛洲仙阁今何在？一片苍凉沙渚。
沙沉处，彻夜宝光腾吐。
富媪何曾爱宝，未应遍地嗷鸿苦。
货弃地，良堪恶。
一齐抛却私囊，普天下莫非国土；
况艰难天步，民生国计谁来顾？
南溪一夕，听父老，衷肠诉。

【提示】 黄炎培（1878—1965），近现代著名爱国民主人士，职业教育家。黄炎培抗战初积极救亡，组织川康考察团，1939年春途经南溪。抗战期间，南溪亦如全国各地，哀鸿遍地，民不聊生。诗人发出了"民生国计谁来顾"的疑问，是在严峻地拷问那时的当政者。

二、古文

建修瀛洲阁碑记
清·乾隆·何毓聪

瀛洲，仙源古岛也。水落石出，则绣壤延联；水泛舟浮，则中流锁镇。左铜鼓滩，右麒麟潭。都人士泛艇往来，登临延眺，见其飞兔驰突于中流，属玉栖迟于浅渚，低徊留之不能去。

有明建亭阁于上，回顾城闉，形如砥柱，真胜迹也。历久倾圮，废址芊然。士绅均有更修志，未果。前明府高陈二公，相继宰兹邑，谕诸弟子员，沿基建阁。暨王明府讳凤临来，访诸父老，流连古迹。知其地为治东要区，击慨者久之。而又以其度狭而不大观，商诸邑人士。时有若杨子安邦，高子商玉，包子鸿，李子大中，曾子遂章，李子文蔚，皆尚义士也，爰破吝倡捐，按其地之周遭于阁者，悉为购买。除修建外，余地岁收租银若干两，悉归于阁，以为历年补葺之费。王明府亟佳之，更捐廉三百两以为士民倡。

庀材鸠工，即命诸子分董其事。前建岑阁五层，后建文昌祠三级，左右厢房各三楹，阁前建坊，秩然有条。工肇乾隆戊寅季春，竣于己卯仲秋。士民踊跃，甫一载而观厥成。自是，登临其地者，俯仰之际，目旷神怡，将不禁舞雩崇德之感、文明益盛之思云。

【提示】作者为遂宁人，举人，乾隆时任南溪县教谕。都：县城。庀材鸠工：准备材料，招聚工匠。舞雩崇德：在娱乐之中陶冶情操，培养道德。本文写瀛洲阁风景特色、重建经过、规模意义，极具史料价值。

南溪增修瀛洲阁记
清·同治·包弼臣

大海受天下水，万派奔赴，放浪无际。而瀛洲三山，特起为之障，俾扶舆磅礴之气，屹然受其范。而其间包储之富，与钟毓之秀，亘千古不可尽，乃始足以副乎造物者鼓万物而位置天下之心。

谐曾观海矣。窃谓海有瀛洲，实所以结束宇内者。因约而观诸南北大都会，潼、华之于长安也，金、焦之于金陵也，其较著者也。而更约之近郡治，则嘉州之乌尤，渝州之铜锣，夔州之滟滪，皆各为其砥柱。吾邑一隅耳，要其形势，不涌潓。大江自西南来，负城而下，洪流灏瀚，独扼于江心之一洲。自洲回望，则四山林壑之环络，万户村墟之周带，无不相向有意致。且若相约不敢越畔，而隐有肖乎造物所以位置天下者。则名此洲为"瀛洲"，固宜。

洲有阁，肇自前明，嗣邑侯亦继修葺，然犹扁卑也。同治甲子，朝邑乙垣雷公来宰吾邑，赏此阁，得地，欲增之。顾他务待治切，历十余载，乃获经始于此。盖公谋教养，自书院、义学逮孤贫粮，皆勤且久，始底于善。而以此阁要其终，是固形家"水口"之法，而尤大有裨于养与教者也。

窃尝论之古之治天下者，以士、农实天下。人君据士、农之实，神京巍翼，九服环卫如金瓯，而士气与民气日益蟠结，斯岂囿于堪舆家之说？而究之天地孕育，气有必聚。知其气之所由聚，而印证以周、召相宅，与《周礼》辨方正位之旨，亦自适肖乎造物之自然，固不特彻田肇于相阴阳，而训农、劝学之权舆于升墟作楚室也。吾邑士秀民朴，郁而将发，久矣。公复迎其势而厚植之。而此阁特杰出，为下流关键，致扶舆之气约而灿，溢于邑人心目之间。吾知包储之富、钟毓之秀，必有日新月异出近郡而上，以比烈于南北大都会者。则即谓造物以结束宇内者结束吾邑，岂过当欤？或泥于十八学士登瀛洲之迹，谓此名足壮吾邑，是欹于我公厚植士民之意也，而亦非吾儒观海之量已！

光绪十年甲申岁冬十月 邑人包汝谐 撰并书

【提示】 包弼臣（1831—1917），名汝谐，南溪县人，举人，学正，晚清著名碑学书法家，独创迥异时风的"包体字"，被慈禧呼为"字妖"，被何绍基誉为"叙州三杰"之一。本文是包弼臣应时任南溪知县雷尔卿之邀而精心撰写的，文章书法双璧生辉，为南溪留下一大珍贵墨宝和一段艺坛佳话。

重修映南塔序
清·乾隆·郎汝瑛

邑东巽山屹立，由琴岭发脉，旋折而踞夫下游，与城郭回环互映。其上，碧障摩天，崧崼耸翠；其下，银波漾地，镇压中流。景澄则水天一色，风生则万象俱萦。相士者谓，天地清淑之气，特钟于斯。理洵然也。

昔人建塔，甲第联辉。代远年湮，遗址虽存，徒见颓砖败砌，过者唏嘘焉耳。戊申岁，邑侯徐公览兹形胜，慨然有复古志。因以事去，未果。丁巳秋，邑侯方公甫任，雷动风行，切谕阖邑绅耆，速期底绩。一时乐相附者，纷相属也。爰即鸠工修理。是岁冬，邑侯翁公复任，政通人和，百废俱兴，遂不数月而蔚观厥成。

115

考唐时，浮图涌现，多士雁塔题名。兹塔新成，休哉！昔之晨星落落，今则玉柱亭亭也。伫见攀龙附凤之士，必有应运而云蒸霞蔚者。

是举也，创始于丁巳秋九月，告竣于戊午春三月。约费千余金。千载而下，绵绵延延，永足以壮大观云。

【提示】郎汝瑛，南溪人，乾隆丙午举人，授内江训导。巽：指东南方。洵然：确实如此。休哉：美哉。本文记叙从乾隆末年到嘉庆初年，重修映南塔的经过和意义。南溪三任知县，呼吁倡导，终于建成。建塔的意义是为"多士"，让南溪人更多地考上举人进士。

于公祠怀于忠肃公
清·光绪·谢荣勋

邑南岸东下数里许，水石相激成声，为铜鼓滩。滩之上多古柏劲竹，有鸱尾森然，高出其间。与瀛洲、龙腾二阁环江而鼎峙相望者，则惟祠宇在焉。询之榜人，曰：此于公庙也。

因而谒祠瞻仰。回顾廊庑之侧，惟残碑断碣仅存，惜苔藓薜蚀，模糊不可辨，拂拭流观，字迹皆蝌蚪文。细读之，乃知为前明兵部尚书于忠肃公祠也。公为景泰社稷臣，因南宫复辟，谋谗被磔。其祠墓均在西湖，而他无所见。乃于下邑得之，不可谓无夙因也。呜呼，公立英宗朝，独梗南巡之议，诚无愧擎天柱也，而卒含冤以死，宜乎阴霾四翳，天下垂涕。

吾儒平昔读史，至明迹公忠义，未尝不废书而三叹也。况今日仰公遗像，其英姿飒爽，端冕如生，曷禁有感而怆怀焉。爰仿柏梁体以纪之：

郕邸潜龙飞在天，南宫日影丽春前。

忽传殿陛纶綍宣，槐班棘位挺戈鋋。

真如乌雀遭鹰鹯，缧绁随身臣何愆。

幽置圜室深且坚，萧张徐石弄机权。

议处极刑不踌旋，帝曰有功难保全。

吁嗟少保微躯捐，可怜家属远戍边。

坐逮不殊瓜蔓连，孤忠赍恨及九泉。

冤狱沉沉谁洗湔，明社为墟三百年。

忠肃姓名垂简编，幽宫何处问牛眠。

西泠片壤竞流传，肉作燐飞骨草缠。

浩渺湖光涵陇阡，裙屐游人摩香肩。

争将佳梦祈前贤，生憎未买相宜船。
打桨西湖展墓田，今来僰道溯长川。
酌酒篷窗歌扣舷，江城沙岸东南偏。
忠肃祠堂独岿然，瓦簇鱼鳞屋数椽。
墙柱光彩佘新鲜，残碑断碣没雕镌。
功业乾坤空转旋，祠头秋竹鸣寒蝉。
祠畔春花开杜鹃，忠魂毅魄何寄焉。
大招声凄情回骞，归来夕照沉荒烟。

【提示】 作者为清末南溪庠生。前文叙事，后诗抒情。于谦，明代抗蒙英雄，忠烈千秋，虽僻处川南滨江，也享怀咏。

于公庙记
清·光绪·钟朝煦

庙建于明代。福建左参政、富顺甘敬修，纪其事于碑。碑今不存，文载邑志。案，《明史·于谦传》：弘治二年赐谥肃愍，万历中改谥忠肃。《四川通志·职官》题名：钱溥，华亭进士，天顺中任四川按察使，而无"钱载"名。《富顺县志》：甘敬修，正统己未进士，生与忠肃同时。而文云万历四十二年，又云于忠肃时代乖迕。疑有讹窜，莫能明也。

清嘉庆中，邑贡生韩国琳为文刻石，所征引又诞俚不足据。庙自明迄今垂四百年，虽屡加修葺，而上雨旁风，渐就欹圮。

民国十八年，邛崃乐侯凤鸣，莅任数月，政通人和，以七月七日泛舟游观，瞻拜遗像，读韩碑有所感，慨然筹资，更而新之。命区团总陈君天凯、林君树人督工。工始于八月，迄次年三月竣。栋宇宏敞，庙貌一新。其右为乐公楼。登楼凭睇，江光云影，风帆沙鸟，出没于洲渚竹树间，状至幽静。

因属文于朝煦。朝煦案：明景泰初，忠肃为兵部尚书。时也先势方张，而福建邓茂七、浙江叶宗留、广东萧黄萧养，各拥众僭号。湖广贵州广西猺獞苗獠，所至蜂起，前后征调，皆一心独运。当车马倥偬，变在俄顷，忠肃日视指屈，口具章奏，悉合机宜，僚吏受成，相顾骇服，号令明审，片纸行万里外，靡不惕息，其才略开敏，精神周至，一时无与比，故能转危为安，再造明室。

今安所得此人哉？乐侯以诸生驰驱戎事，当护国军兴，时提劲卒数千，亦思藉手有所为，安内御外，为国家久安长治之谋。乃功败垂成，一官自隐。宜其肃瞻遗像，有动于中，渺然生旷世相知之感，而藉此江山藻绘，以寄其抗心希古之怀。古来才人，其显晦各有时，穷达各有道，而易地皆然，则固古今之通义也。乐侯崇尚名节，邑中如黄烈女、雷孝子祠及左罗氏烈妇墓，皆有所奖饰。今兹之举，尤惬舆情，安知乐公楼与忠肃祠不并垂天壤耶？则以此文为使君遗爱之迹，可也。

【提示】作者为清末南溪举人，有"川南文豪"之誉。本文记述景点的历史演变与作者对历史遗迹更新的感慨。1929年南溪县长乐凤鸣慨然筹资，重修于公庙。"转危为安，再造明室""崇尚名节，尤惬舆情"的人与事，均应载入史册。

第二节　当代诗文赋联辑录

一、旧体诗词

南溪野讴（八首选二）
罗应涛
（一）

瀛洲仙阁晚风轻，烟雨楼头映月明。
上善水城仙景好，大江东去看龙腾。

（二）

风骚阵阵送阳和，锦水龙山诗意多。
铁板铜琶豪气壮，长风万里破鲸波。

渔歌子·瀛洲远眺
曹兴华

浩浩长江眼际流，碧蓝天下水浮鸥。
青树茂，竹生幽。孤滩古阁立瀛洲。

与文友去瀛洲
黄培锦

青春作伴去瀛洲，油菜花香兴致稠。
步动时移风景变，长江依旧向东流。

七律·瀛洲阁
黄培勋

逸兴瀛洲寻故事,江风远去暮云深。
阁楼纱纱因名士,竹影葱葱赋韵文。
浪卷残编徒咏叹,风吹新绿自长吟。
飞舟望断登高处,远塔红云万里心。

忆秦娥·游瀛洲阁
陈代勋

平芜阔,江流涌出瀛洲阁。瀛洲阁,万竿摇翠,漫天秋色。
胡人避乱弓刀血,仙源宝地身安歇。身安歇,古今长叹,旧时明月。

唐多令·瀛洲阁怀古
陈代勋

绿岛卧江心,寒烟水泛粼。百鸟鸣,岸草如茵。白塔巍巍漫鼓琴,忆往事,荡胸襟。
长念铁木真,霸业重千寻。逞英豪,百战艰辛。丹青永耀气如神,创大业,借宏音。

南溪咏二首
孙和平

（一）

南溪信步古城楼,月映长江静静流。
正是人间酣梦夜,望瀛门下泊轻舟。

（二）

千年古驿走春秋,裴石西东上叙州。
饮马长江一轮月,征尘欲洗入中流。

游瀛洲阁
曹仁红

桃源孤岛访瀛洲,越径穿林引伴游。
飞阁廊檐失古韵,几多诗客赋新愁。

寻瀛洲阁不遇（绝句二首）
曹仁红
（一）
雨雾寻幽处，津亭问路人。
瀛洲何处是？孤岛卧江心。
（二）
孤岛瀛洲藏世外，踏秋风雨觅芳踪。
烟涛水雾飞阁隐，仙苑蛰伏早入冬。

雨中访瀛洲阁未果（新韵）
赵仕和
斯阁久慕欲登临，偶遇诗朋同此心。
疾骋雨飞天地暗，将及道阻鬼神晕。
凡夫当是谁能近，仙子却非人易亲。
隔雾权为遥怅望，归来夜梦亦沉吟。

访瀛洲阁不遇
赵仕和
（一）
今朝细雨又微风，慕访瀛洲怅不逢。
他日天晴期再会，登临高塔赏霞红。
（二）
偶访瀛洲天气阴，归来静坐倍伤神。
要观秀面需灵佑，须等日出始睹春。

雨后寻瀛洲阁不遇
王仲图
（一）
旧梦上蓬瀛，今登体渐轻。
天公不作美，归去叹风声。
（二）
仙源有岛只听闻，今借东风难入门。
雾里观花摸不得，焚香改日再登临。

镇澜夜月
侯春江

有趣斜阳后,壮观景气浮。
波澜江面集,月色水天揉。
皎皎晴空夜,粼粼泽国秋。
朗然思镇定,晏睡转星眸。

南溪瀛洲岛
王才渝

九龙滩下小丘山,客家余祖蒙古毡。
涛声四季无寂寞,渔火棹网自由天。
山石难阻东流水,弯弓射雕梦不圆。
民族团结天地久,历史长河总向前。

瀛洲阁二首
郭理坝

（一）
呼朋结伴上瀛洲,翠竹丛中找阁楼。
断壁残垣蛛网密,长江流水载春愁。

（二）
春风送我上瀛洲,漫步江心戏九龙。
芦亭晓月余晖在,古韵残留楼阁中。

瀛洲阁
刘宏才

波涛万顷围孤岛,竹翠葱茏绿色娇。
举目登台朝下望,风光好比玉河桥。

赞瀛洲
曾绪贵

（一）
雨过天晴别有天,习习春风波浪卷。
白鹤戏水鱼儿跃,渔舟放歌夕阳晚。

(二)

翠竹幽幽江中现，炊烟缭绕景色添。
一轮红日东方照，好似仙女下尘凡。

二、赋与对联

望瀛门赋
涂安华

巍巍望瀛门，悠悠五百载。效光仪登皋，观紫气东来。青龙阁畔，千年榕荫撑巨盖；紫电光中，百尺困虹走江海。复艺回归树，岁值明珠归华夏；继筑新亭榭，时维玉犬送天财。仰碧瓦展甍，直欲凌风飞去；步丹柱回廊，曲迎大江奔来。吞吐南北东西货；停泊五湖四海船。

须待晴明纵目，九龙地户锁苍浪；丁石砥流，一岩天门仰楼台。金鸭沙暖，拂面和风之习习；瀛洲竹秀，流霞旦暮之霭霭。东郊书院，贵人骑马文脉盛；南岸笔塔，松风抚琴雅乐哉。或遇细雨阴晦，渔舟隐约飘江雾；重峦暗淡，林木渲染溶阴霾。风凉叶落，亭中无有伤秋客；气暖草萌，槛外堪抒悦春怀。花丛隐石凳，闲品香茗如酒；嘉木传鸟音，环顾山色似黛。

话渔樵兮未觉日落；谈古今兮已然月来。神驰天地，不亦快哉。

瀛洲阁赋
黄学清

浪花簇拥，江中岛点缀人间仙源；松竹掩映，瀛洲阁辉映翡翠南溪。以石为魂，鸡爪山雄踞裴石；与江为邻，麻柳村敞开胸襟。芊芊绿岛，人文荟萃百家姓；巍巍阁楼，蒙汉同根一家亲。

长江奔流，览鱼跃龙门；白鹭翱翔，听鸿鹄传书。牧童晚笛，遐草原风光；渔歌唱晓，赏龙腾夕照。岑参游古城，赋《南溪别业》；诚斋寓仙源，赞《南溪早春》。眺宝塔晨曦，怀奋发向上之雄心。穿松竹夜月，生宠辱不惊之悲喜。登阁楼，拜读《南溪增修瀛洲阁记》，感慨包弼臣文墨风采。游绿岛，漫步"巴蜀家风传承示范基地"，惊叹裴石镇人文魅力。绿岛深深，印记岁月风尘。阁楼悠悠，叙述古今辉煌。

橘花飘逸，犹吟屈原《橘颂》之高雅。檀香缭绕，夜读朝煦《兵燹》之经典。斗转星移，茫茫沙滩变桑田。披星戴月，袅袅炊烟成村寨。海纳百川，麻柳村包容外族情怀。江容万斛，瀛洲阁敢于担当气魄。绿岛橘红，四季常挂《小橘灯》。荷塘叶翠，日夜诵读《爱莲说》。白酒红酒，农夫品质精酿。白鹅烧鹅，农家风味时尚。

绿岛不大，乃容万家，野餐炊烟篝火如画。阁楼不高，可观天下，烽火硝烟祈祷平安。

民风淳朴，麻柳村宜居宜业宜游。胜地休闲，瀛洲阁乐山乐水乐人。沙滩铺画纸，邀你来展示。阁楼藏典籍，请君来续写。

对　　联

竹映水底阁址虽残留古韵，
岛浮江心涛声不绝奏凯歌。（曹兴华）

旭日初升瀛洲美，
金乌欲坠夕阳红。（曹兴华）

华亭观竹岛，一丛翠绿浮镜面；
素阁听渔舟，半夜梵音出江中。（曹兴华）

文采神思瀛洲阁，
清流雅致桂溪河。（黄培勋）

瀛洲在望，一篇阁记传包字；
书院堪寻，千载江风诵岑诗。（涂安华）

望瀛门上望瀛洲，瀛洲稳立瀛洲阁；
观月亭前观月亮，月亮光成月亮船。（周绍海）

榭中避暑，风和日丽，纵览琴岭叠嶂托高塔；
亭里歇凉，星少月明，遥望瀛洲葱茏锁大江。（陈初易）

三、散文随笔

逸兴瀛洲
黄培勋

南溪瀛洲，在东门外长江江心，是个约里许的小岛。

我为长江常客，第一次去瀛洲，却是突发逸兴的逍遥游，纯然无为的信目所之。不善游玩山水的我，并不指望看到九簇苇丛点缀的几弯村落，也不指望观赏波涛沸荡激起的迷蒙云雾，更没有在残霞异彩笼罩的楼台亭阁吟哦诗词的雅兴；唯恐像在广西柳州登鱼峰山，自以为十分虔诚地拜谒刘三姐，满怀兴致登山，末了，却拖着失望的脚步下山。

我之所以想去瀛洲一游，多半是受了"南溪八景"之说的强力引诱。我国好些风景常将自然景观与人文景观相结合，以"八景"命名而显胜一方。这风气，大约始于元明，当时文人仿宋画"潇湘八景图"皆以"八景"附庸风雅。今存康熙版《南溪县志》，就有南溪知县宋鉴的"南溪八景"诗作流传于世，其中"镇澜夜月"一景即为瀛洲景观。回味诗句，回首历史，足见历史老人赐予这个小岛的殊荣。

我听说，长江流过东门之后，在地势险要的南溪瀛洲拐了个大弯，这瀛洲雄踞长江拐弯的地方，与嘉州之乌尤、渝州之铜锣、夔州之滟滪齐名，多显赫呀！据县志记载，"明建阁其上，历久倾圮"。清乾隆年间又在洲上建阁，名为瀛洲阁。阁高达五层，气宇轩昂，巍峨堂皇。夏秋之季，岛上烟波浩渺，水月交映，最为奇绝。这个竹林葱郁的小岛，罩上一层空蒙奇幻的神秘色彩，令人心旷神怡。"瀛洲阁"，成了文人墨客四时聚会之地，吟咏唱和、书画生辉，雅兴浸润，文采光照，好生叫人神驰向往！

我听说，每到夏秋之际，小岛四周一片汪洋，岛上人家走亲串户，进城赶场，舟来船往。人们赞叹他们"水上人家水中央，茂林修竹似围墙"，好似仙境过日子。噫耶，好仙境，好潇洒，好浪漫的小岛人家！

我听说，瀛洲上游不远处有个李公洞，里面住着神仙道长李真老君。传说他为了帮助一贯乐善好施的一位屠户，送了屠户一升黄谷。屠户挑着黄谷离开李公洞，越挑越重，天已黑了，挑不动了，懒得再挑，顺手就把黄谷倒在江里。回到家里，看到箩筐底上沾的几颗黄谷，全是金光刺眼的金谷子。第二天他来到江边，看见一群金鸭儿在江里望着他直叫，嘎嘎嘎地顺着江水漂走了。这群金鸭儿漂到哪里去了呢？据说是漂到瀛洲去了。人们把这个滩口叫"金鸭儿滩"。"金鸭儿滩"至今仍在,那些撒落江中的金谷子呢?说是随着沙石冲到瀛洲去了。直到现在,撒落在江水中的那些金谷子都还残留在一些东门外的沙滩中。神仙道长李真老君修炼的"李公洞"呢?后来扩修南溪到泸州的公路,几声炮响,李真老君乘着炮声飞升九天了,李公洞也只留作民间传说。现在颇知掌故的人路过那里,就会指着那段岩壁说:"这里是李真老君修炼的李公洞啊!"

听的传说多的是了。因了这些传说,我作瀛洲一游的兴致被诱发得浓浓的了。

宋鉴的"南溪八景"有诗赞瀛洲:"江清逝如斯,月白介于石。一镜涌回澜,了了无痕迹。"我们一行三人,白天去瀛洲,可惜了啊,没有月亮伴随,未见月照清江、镜涌回澜的奇观,有些郁闷。走得热了,发了闲情,解开衣扣去江边吹风。石头被江水冲洗得洁白如玉,宛如月光相照。坐在石头上,双手掬起江水那妙不可言的清凉。啸傲江边,信口唱了些不成篇章的诗词,借以驱走郁闷,启发豪情。之后,一位朋友也捡了薄薄的石片向明镜般的江面打漂漂去。石片飞过,圈圈涟漪急剧消停,仍留下一面明镜。坐得久了,我们又向竹林漫步。竹林葱绿茂密,微风迎面,粗细相杂的竹杆横倚斜靠唰唰作响。微风过处,挤挤攘攘的竹叶发出丝竹弦歌的和声,袅袅余音,久久在我心中萦回。

我们想拜谒史有记载的"瀛洲阁",又一个"可惜"碰鼻而来。可惜啊,游遍全岛,只见几处农家,并无楼阁。仰望长天,当年那高达五层、蔚为壮观的瀛洲阁,而今何在?岛上最高处,只残存几块石基,接待我等自命雅兴颇高的游人。基座内留下行行菜畦,碧绿油嫩,煞有生机。此时微风拂面,不知怎的,姜白石那"过春风十里,尽荠麦青青"的词句蹿上心头,突然觉得姜白石那"余怀怆然,感慨今昔"的心绪,太过低沉。眼前的江景清新,岛上人家的生活和美,不就一座古建筑没有了吗,我怎么能在此时会有这类低沉的情绪呢?马上打住,豪放起来才是。于是,马上离开,另寻所在。穿过竹丛,踩过厚厚的竹叶,看见一座建筑,似乎少了些典雅文气,一看是水泥建筑,陡然就少了许多游兴。耐着性子上楼看看,没有任何文化遗迹,只见农家堆放的杂物,还有闲散游人留下的垃圾,还看什么呢?快快下楼,到江边吹风去。岛上的农家告诉我们,你们到处找什么啊?这就是瀛洲阁。哦?不会是游戏我们,逗我们找乐子吧?我们笑了笑,头也不回地向江边走去。

我们在遍地鹅卵石的小岛上沿江徜徉,饱餐了江风之后,脚底也有微微的酸痛。看看长江对岸那通往登高乡场去的小路迤逦有致，还说登高的橘柑等多种水果味道很不错，我们三人都很想去登高走走。但是，天色不早了，我们的脚也酸痛了，再走那么远，不是没有信心，真是心有余而力不足了。抬眼看看对面的高山，山上高高的古塔半入云霄，彩云在它背后随风飘荡。此时我真是"心随古塔云霄去，脚踏清波慢步行。"太阳偏西了，脚也痛了，还是往回走吧。当时，我只是带着一种游玩山水的凡夫俗子的些许不满足离开小岛，漫步踏上归程。一路口干舌燥，潮潮的江风也难解口渴。一边走一边作着藕断丝连欲断还续的独想。心头似乎挂记着什么，不时回头再看看渐渐远去的瀛洲。多少次，我再回头，似乎流连小岛，却又找不出自己究竟挂记着什么。

江也荡荡，地也荡荡。交瞬之间，渔船远去了，火轮远去了。慢慢地，快快地，都去了。我们不快不慢地来到东门，已近县城，人也累了，于是，又作偶想，幻境又欲冉冉升起，忍不住又对远处的瀛洲再投一瞥。

蓦然间，我的目光凝滞了。这回可不再是什么"可惜"啊，而是惊呆了！高悬天空的太阳，正光芒逼眼，远处的江面何时又出现海市蜃楼？与我同行的友人也顿时为瀛洲这得天独厚的魅力大感惊奇。这时，坐在石凳上的一位老人告诉我们，看瀛洲，也只从我们坐的这个地方远望，方能领略它的风韵。

这时的瀛洲，白露横江，水光接天，飘飘乎如遗世独立。满岛葱翠的竹林挤挤挨挨成一团，竹林外边是茸茸浅草的嫩绿紧紧拥抱，一圈浅黄的沙石宛如一条玉带缠绕着绿意葱茏的小岛。整个小岛铺满了绿色的天鹅绒，让你无法窥视它的肌肤。岛上的房舍隐去了，只见几缕灰蒙的炊烟，从深深浅浅的绿色中袅袅腾腾地升起。江风骤起，临水处最是奇绝。绿色嬗为飞烟，已是影子浸入水底，涟漪拉着绿影，袅袅娜娜地形成一段段绿练。风稍打住，绿练又一圈圈地缩回来，柔和地圈着小岛。我猜想，此时一定有一双不可知的手：一只是有力的大手，托着小岛；另一只是迷幻的巧手，给小岛编织着一圈圈幻影。

太阳分明还挂在山头，月亮还未升起，我惊奇，远处的瀛洲怎么酷似在月光之下，是那么朦胧缥缈，那么烟雨空蒙？

石凳上的老人告诉我："古人说瀛洲风光叫'镇澜夜月'，其实，随你哪时来看，它都是月下景致。'江流月不流，江隔月不隔'，是说到妙处了。不过，观赏瀛洲宜远望，近则无味，近了就不能得见月下全景啰！"

哦哦，观景宜远望，老人的话，意味深长，颇有哲理。

这位老人，想必是本地长者，须眉皆白，手捏一支长竹烟杆，慢悠悠吧一口土产叶子烟，向我投来浅浅一笑，好亲切。"古人之观于天地、山川、草木、虫鱼、鸟兽，往往有得，以其求思之深而无不在也。"（王安石《游褒禅山记》）老人平和的话语，与王荆公的千古名言神思相通，实在饶有余味。世间万物亦如观景，远观方知其神韵，近则难品其真谛。难怪乎美学家说，距离产生美，这个道理，天下皆然。在瀛洲时，情绪本来低落，现在霎时高涨起来，激动起来，沸腾起来。

远望瀛洲，那沁人心脾的曲韵，随着江风飘忽在绿波斜阳之间。此情此景，我亦"浩浩乎如冯虚御风，而不知其所止"。我人在大地上，凭心境，岂止高涨、激动、沸腾，我似乎羽化升仙了。

确实，游瀛洲，舟来船往，寄情山水，极是逍遥。回到现实，倘要体弱如我的游人在小岛上过日子，就难免不犯嘀咕。我们看到，岛上人家烧柴靠的是从竹林中扫出的落叶、收庄稼剩的秸秆、涨洪水后捞的渣草。岛上沙土也并不见得肥沃丰盈，奇怪的是还养活了十几户人家，儿孙连绵，代代繁衍。许是岛上人家果真相信他们住的是瀛洲仙山，久居仙山能感悟灵气，会羽化升仙？许是他们相信所居之地有金鸭儿、金谷子，会给他们带来无限的福祉？

不管你信不信，小岛真的有宝。在小岛东头的河滩上，我们看见几个窝棚。在瀛洲游玩时，我们看到，淘金人一个个赤脚裸背，水里站，汗水流，一天也不知要掏多少吨沙石冲洗，也不知能掏得几许金沙。我们三人走进小窝棚与他们摆谈，方知这些淘金人一天劳累，粗粮素菜，露雨餐风，在我等看来实在有些辛苦。但他们谈笑风生，乐乐呵呵，就是要将李公撒落的金谷子淘出来，以勤劳获得金沙，以勤劳改变贫穷。

远眺瀛洲，移情太远，想得太多。当我从遐思中回到眼前，明晃晃的月亮已出于东山之上。我们起身告辞黄桷树，路过东门，"望瀛门"三个大字立于城门之上，好生显赫！

我驻足城门下，回头对远处的瀛洲，又作远望，又作遐想。啊，清亮的月光之下，哪有什么小岛，哪有什么蜃景？分明是一锭银元宝飘浮于翡翠绿波之上。于是，一缕情思萌动了，又拾起一个新的意象，恍兮忽兮，城楼上"望瀛门"三个字，竟幻化出一段奇想，极快地填充了我心田的空阔，空灵的联想充实了我想象的心田。

我想啊，蓬莱、方丈、瀛洲，是东海三座神山，是仙人居住的地方。南溪地处大西南，何来沧溟大海？何来海上仙山？李太白一声又一声地感叹，海外仙山渺茫无凭："海客谈瀛洲，烟涛微茫信难求。"远离东海的蜀南乡民，反倒能一睹海上瀛洲仙山的绰约风姿么？咱们的前人哪，想成仙人而终不可得，在四川盆地的边沿，做一回仙人的迷梦，倒可偷得一时的欣慰。于是，借东海仙山瀛洲之名，附丽于东门外江心小岛之上，本地居民，过往游人，大家都来做做神仙美梦，这岂不有益于众生？更有一班"天之斯文"，站在东门，看到那远处绿波之上的小岛，宛若银锭，怎能不"望银眼穿"呢？那小岛上真有金沙，淘之可得，有银可望呀！有银可致富呀！站在东门"远望银锭"，心里一定很踏实，很振作，说不一定还胸涌洪波，有银锭，心想发财呢。这道城门，就该是"望银门"嘛！不过"望银"又太过铜臭气了，于是聪明的读书人，书读多了，字认多了，利用我们先祖创造的汉字有谐音的特点，玩了一个小小的文字游戏，就改"望银门"为"望瀛门"吧。这一改，读音没变，任你怎么理解都可以，可是写出字来，意义可大大的不同啊。同志哥，你想想，文字之中的游戏，何其雅致！

我曾经慨叹李真老君的金谷子撒落在江中冲散了，埋藏于沙石之间实在可惜。其实无妨，天地之间，物各有主，多少年多少代过去还可以淘出来，造福于人类。而今的乡民不是从瀛洲的沙石之中淘出金沙，并因之脱贫致富么？他们可不会玩文字游戏，但就能淘金沙，就能以自己的勤劳改变贫穷的命运。

江声远去，船歌声声，回望瀛洲，感慨万千。

我曾经慨叹人生如朝露般的短暂，慨叹大江涛声依旧如歌。苏学士亦曾"哀吾生之须臾，羡长江之无穷"。我站在瀛洲的竹林间，细细倾听，清清凉凉的绿风对我说："生命之树常青，一年一度春风绿，哪怕是竹林间不起眼的小草，也会迎着春风展现倔强的翠绿！不会辜负春风，不会虚掷春秋。"

我站在月光映照的"望瀛门"前，细细倾听，奔腾不息的大江也对我说："洪波汹涌，大浪淘沙，发光的金沙不因浑浊的恶浪而浑浊，黄沙淘尽，金沙千载，终究会发出闪亮的金光！"

是的，江水千年，瀛洲千年！

月明江上望瀛洲
潘　健

瀛洲，是传说中的东海神仙所居之地，为海上三神山之一（传说中的三神山分别为蓬莱、方丈、瀛洲）。诗仙李白有诗云"海客谈瀛洲，烟涛微茫信难求"。南溪江中就矗立着传奇而浪漫的瀛洲阁。在想象中，站在川南，即可远眺海上仙山，南溪人的博大心胸自可包容四海。

瀛洲阁是一座始建于明代的楼阁，通体为木结构，共五层，经多年人世沧桑、自然风雨，屡经重建和修缮。如今仅剩两层，但形制却依循历史，古意犹存。其飞翘的檐角，掩映在浩荡江风中，格外灵动飘逸。

翻开《淮南子》一书，"阁"这种建筑被解释为：一种架空的小楼房，中国传统建筑物的一种；其特点是通常四周设隔扇或栏杆回廊，供远眺、游憩、藏书和供佛之用。阁，作为中国古代建筑中最重要的建筑类型之一，有着悠久的建筑历史，诗人杜牧在吟咏阿房宫时就称其"五步一楼，十步一阁"，可见在秦统一中国之时，阁就已经出现了；同时其使用范围之广，不受地域限制，无论在江南大地还是在西北边陲，都可见其身姿。北京的文渊阁、沈阳的文朔阁，湖南的天心阁，山东的蓬莱阁……一座座阁楼，屹立在中国大地上，承载着一段段难以磨灭的历史，影响绵延至今。

古代中国崇尚私家园林建筑，亭台楼阁与山石流水的搭配，自可营造出虚实相生、意境悠远的艺术品位，在世界建筑中以其独特的风格彪炳史册。而南溪瀛洲阁却是自然之手创造的园林。

瀛洲阁地处南溪东门广场外五里长江中的一处沙洲小岛。该岛四面环水，终年涛声不绝。长江就是天然水系，岛上茂密的林木，星散的民居，天然的生态，是任何一座人工园林无法拥有的自然馈赠。小岛北面滩涂密布，仅容小舟通行，在旱季行人可踩着裸露的河床或河石直接通行；南面河窄水深，可供大船行驶。按照行政区划，这里属于南溪裴石乡麻柳村一社，但人们习惯以"瀛洲阁"代指其名。乾隆乙酉举人郭城曾经赋诗赞叹此地胜景：徒闻海外有瀛洲，此地称名亦偶俦。四面大江全抱寺，千寻杰阁半临流。廉纤雨洗琅轩竹，洒落人居缥缈楼。莫谓仙凡真个隔，桃花浪里渡轻舟。

如今村人在岛上遍植竹木。站在东门码头眺望沙洲，仿佛江天水色中漂浮的一处绿岛。岛上居民从前多以捕鱼为生，由于近些年江中鱼虾大量减少，居民们的生活方式也随之发生转变。有的外出务工，有的发展养殖业。而随着旅游业的兴盛，百姓消费水平的提高，当地村民也开始经营民宿、餐饮，提供给上岛游玩的人。登上瀛洲阁远眺，长江的浩渺波涛、云蒸霞蔚尽在眼底，逝者如斯，不舍昼夜的思古幽情油然而生。对面历经沧桑的望瀛门巍然矗立，与瀛洲阁对峙，如历史长河中的两个坐标，见证了南溪的发展与演变。

四、新　　诗

逸兴走瀛洲
黄培勋

绕绿堤，拂柳丝，过九龙滩口；
摇双桨，荡清波，迈步上瀛洲。
人道是，瀛洲阁，历史悠久；
仙岛上，竹林中，深藏画楼。
月光照，涌回澜，江流月不走；
浪花涌，花飞雨，翠竹拥田畴。
碧波荡漾映垂柳，百鸟争鸣送渔舟。
汽笛声声风飒飒，江风伴奏乐悠悠。
渔翁垂钓江边坐，牧童牛背唱丰收。
暮霭树深云出岫，莺声燕语绕竹楼。
瀛洲阁上任我走，歌仙也来唱瀛洲。

我在瀛洲岛遇见铁木真的后代
蔡友福

可以想象，在瀛洲岛遇见铁木真的后代
是何等的诧异，继而疑问
元太祖铁木真1206年建国，八百余年穿过时空
瀛洲岛是蜀南一处，距离北方遥远
岛上的余姓人家细说家谱，口传祖述
当年忽必烈南征，避乱，从湖北迁徙四川，定居于岛
改为余姓，开始融入汉化，繁衍生息
余姓后生，已不识弯弓射大雕的成吉思汗

我来这里，不是大草原，无蒙古包，无蒙古马
无牛羊，无人说蒙语，无蒙古人的模样，无人表演
摔跤，赛马。与我汉语，亲近得无两样
与我认同一个版图，南北相连的血脉
若有一天，修复一个属于自己的家园，还生活的原来

蜀地向东，顺大江的第一个大岛
风情所在，这，便是他们远方的家

望瀛门看水
陈智泉

水啊，宽恕我吧
我在上善水城的望瀛门前
想入非非的，是对岸青山之上那抹
压迫了白娘子几千载的塔影
和那塔影笼罩中如梦一样的小岛
小岛上名曰瀛洲的亭阁
亭阁里反弹着琵琶的故人
……

瀛 洲 阁
唐 松

望瀛门外，迎风而立
长江穿心而过
沧浪之水，像成吉思汗的
铁骑，打马而来

孤岛之上，种瓜
打铁。辛勤如旧
泥巴节的夜晚，明月高悬
瀛洲阁是草原的耳朵

读你，瀛洲阁
张 洪

如江中的一叶小舟
每天与朝阳一起合着
浪花的节拍
承受着岁月的洗礼

在晚风中踩碎了
月亮的圆缺

是谁站立船头
望着远方的草原
风拉着你的裙角
痴痴的注视
等你到天长地久沧海桑田
守着分别时的承诺

第三节 轶闻传说

雷知县三比"包"字

刘伯元　钱正杰

　　过去南溪县老县城李庄镇的奎星楼边，有一块石碑，名"三至碑"。这碑石，是清朝末年，南溪的父老百姓，为三赴南溪的知县雷尔卿立的。这雷知县，与"字妖"包弼臣一家，还有密切的渊源。

　　雷尔卿是陕西朝邑人，他自幼喜爱书法，写得一手好字，很受当地人士称赞。至今成都陕西街的陕西会馆里还挂着雷尔卿的对联。清朝同治四年，他被选任南溪知县，满以为到职后，单凭手中这支笔，便可让治下士民折服。

　　可是，人还没到南溪，沿途就听人说，南溪有个包家，是世代书香，人人善书。他觉得未免言过其实，也就付之一笑。不过，他也迫不及待，想早点到南溪看个究竟，于是一路上马不停蹄，匆匆赶路。

　　俗话说"百闻不如一见"。到了南溪后，雷尔卿才明白，近百年来誉满川南的包家，果然名不虚传，觉得自己同包家比，实在差得太远。不过，雷知县并非轻易认输之人。他暗中下了决心，一定要赶上包家。

　　以后，雷知县经常躲在书房中研习书艺，一点空闲时间也不放过。这一任连续六年时间，他的书艺的确有了不少长进。可是与包家相比，还远远不及。离任后，他一直耿耿于怀，执意找个机会再来南溪，好再与包家比个高低。

　　雷尔卿回去后，照旧坚持天天习书练字。过了五年，他觉得自己的书艺与前大不相同了,当地名家也觉得他出手不凡。于是,他就备上一份厚礼,去拜见上司,转弯抹角地谈了自己的想法,非再请赴南溪一任不可。那上司被他缠得没法,只好答应了他的请求。终于在光绪二年,他再赴南溪上任。

雷尔卿二到南溪后,一有空就邀约地方名士谈书论字,想听大家对他的看法。人们都觉得,这县尊大人的字,比前几年进展很大,但评语也仅"妍秀"而已,却没人将他的字同包家相提并论。好在他还有自知之明,晓得同那"同入逸品,有羲献之称"的包宽、包融芳父子相比,自己那几笔字,实在还差一长截。可是雷尔卿还是不死心。第二任期满后回到家中,又拼尽全力搜罗碑帖,继续坚持苦练书艺,决心再整旗鼓,有朝一日再去南溪与包氏后代一决雌雄。

后来,雷尔卿居然又如愿以偿,第三次来到南溪任职。然而,当他见到包弼臣独创的"包体"后不禁大吃一惊,不得不点头称是,也不得不摇头叹息了。

"赶此独树一帜的'包体',此生无望矣。"已近垂暮之年的雷尔卿,不得不彻底认输了。不过,他也为能结识包弼臣这个难得的书友,而感到十分欣慰。两人还不时在一起切磋书艺,谈论心得。

光绪十年,雷知县主持增修南溪瀛洲阁,地方名士都请他撰写序言。他却一再摇头,非请包弼臣撰写不可。

南溪的瀛洲,是县城东门外长江江心中的一个小岛屿。雄踞大江拐弯之处,地势十分险要,与当时嘉州的乌尤、渝州的铜锣、夔州的滟滪齐名。早在乾隆年间,县里就集资在瀛洲上建阁,高达五层,蔚为壮观。从那以后,这里就成了文人学士们四时聚会之所,也是父老百姓喜欢的观赏胜地。每当夏秋季节,这里残霞异彩,波澜万顷;夜来水月交映,如一片琉璃,令人心旷神怡,人称"镇澜夜月",为南溪八景之一。

包弼臣见善书的雷知县如此尊重自己,要他撰写《南溪增修瀛洲阁记》,自然当成一件大事,既精心撰文,又全力书写。他还把跟他学字的学生、善刻匾对的周斗山找来,亲自指挥他雕刻。于是乎,这《南溪增修瀛洲阁记》一问世,就像"书圣"王羲之的《兰亭序》一样,成了"字妖"包弼臣的传世杰作。雷知县看了这"笔酣墨饱,痛快淋漓,粗而不笨,润泽劲健"的墨迹后,认为"既具北碑沉郁雄强力感,又不失南帖潇洒飞动神采,勘称包体珍品"。

从那时以后,每当闲暇无事,雷知县便邀约南溪的文人学士,乘舟登瀛洲阁观景。每次去他总是在《南溪增修瀛洲阁记》木刻前漫步徘徊，点头晃脑，叹息再三，久久不愿离去。两年后，这好胜心极强的父台大人，终因积劳成疾死在南溪。南溪的父老百姓，想到他在南溪十多年的政绩，集资为他立了一块碑，以他三赴南溪为由，取名"三至碑"。为纪念这位书友，包弼臣亲自用"包体"为"三至碑"题名，还精心撰写了一副对联：

　　此地是西河美稷，

　　爱公如南国甘棠。

南溪瀛洲岛险成西海的传说
程玉昆

　　传说几千年前金沙江和岷江在宜宾汇合以后，结成滚滚江波，经过南溪筲箕背和九龙滩，在瀛洲岛一带形成一片汪洋，水势十分凶险。

　　那时，天上的玉皇大帝和王母娘娘，刚办完六千年一次的蟠桃宴会，正为神州这块宝地上，青龙有了东海、赤龙有了南海、黑龙有了北海而高兴，同时也为白龙没有建成西海发愁。

　　这天午朝，玉皇命二郎神下凡到神州帮助白龙营建西海。二郎神领命驾起云头在神州的西南上空来回巡视，发现蜀南长江流域的九龙滩和瀛洲岛一带是个理想所在，立即回复了玉皇。玉皇决定裁取西岳华山一段移到南溪拦断江流汇成西海。

　　这晚观音菩萨在莲台上打坐时，总觉心绪不宁，便问哪吒："徒儿，今天外界莫非有甚变故，怎么我觉得心烦意乱？你且去探看一下。"哪吒踏上风火轮上到云天，恰见二郎神驱赶一段华山，徐徐向巴蜀赶来。哪吒即刻拨转云头，回到南海向观音告以实况。

　　观音闻报大惊，立即启动莲台到半路去截二郎神。

　　才到巴蜀，果见风刮云涌，二郎神正驱赶着一座大山滚滚而来。观音迎上去问道："你赶华山到哪里去？"二郎神答道："奉玉皇之命，把山赶去蜀南截断江水，扎成西海给白龙安身。"观音道："这怎么使得？西南地区几千万众生岂不遭难！"二郎神哪里肯听观音之劝，从容答道："大士，这就难依你了，请恕我按玉皇的旨意行事。"说着继续挥鞭赶山。

　　到二更时分，二郎神先一步来到南溪观斗山，观看北斗星转移，以便在鸡叫前把山赶到九龙滩来——原来石头是不能在白天赶的，只要鸡一叫，就不能走了。观音急了，也紧跟着来到了仙临场的仙女寺，站在寺前一块大石头上密切注视二郎神的行动。

　　大约三更时分，眼看二郎神已把山赶到南溪县的红岩地区了，万一让他把江扎了，岂不是让万千生灵都成了鱼鳖！观音一时情急生智，竟不顾她的神力有多大，一抬脚就跨到和平场的鸡叫山来，这一脚足足跨了二十多里远，另一只脚把仙女寺那块大石头蹬了个三分深的大脚印。观音来到鸡叫山，以芭蕉扇拍掌，学着报晓公鸡的声调，作了三声嘹亮的长啼。二郎神一听，只好叹口气，便丢下那段华山在红岩地区向玉皇复命去了。

　　于是南溪及西南地区免掉了一场大灾难。

　　为了表示对观音的感激和怀念，虽然经过了不少岁月，南溪人民却始终保留着仙女寺旁那块大石头和鸡叫山的鸡鸣石，同时也保留着大红岩和观斗山，作为二郎神欲断南溪瀛洲岛长江为西海的铁证。

瀛洲阁奇事
谢鸣明

　　宜宾市南溪区裴石镇麻柳村长江之滨的瀛洲岛，是南溪城东门外五里处长江江心的一个小岛，被誉为"万里长江第一岛"。终年被江水四面环绕，地势十分险要。岛上密密麻麻遍布高大的翠竹，环境十分幽静、隐蔽。早在乾隆年间，县人就在瀛洲岛上修建了瀛洲阁，文人学士常常乘舟聚会于此。心旷神怡时，人们为此景取名"镇澜夜月"，这里成为南溪八景之一。

　　不久前，岛上出了一位了凡大师。了凡大师不仅潜心念经，而且对《易经》特别有研究，被群众奉为神明，有的人甚至不远千里跑到这儿来求他算一卦。

　　这天黄昏，了凡闭目打坐在瀛洲阁文昌祠蒲团上。突然，门"吱呀"一声被推开了，一个不速之客往里探探头，轻轻地走进来。了凡似乎没有听到，动也没动，只是嘴里依然"咿咿呀呀"含混地念着经。

　　进来的是个四十岁左右的男人，他轻轻地坐在了凡的面前，默默地看着他，等着他。也不知过了多久，了凡微微向前倾倾身子，开口道："阿弥陀佛！施主，有什么需要老僧指点的?"

　　那男人说："啊，没什么。只不过久闻大师功德无量，特来一睹风采！"

　　了凡微微睁开双眼，细细打量面前的香客。昏黄的灯光下，弥漫的香火气味中，二人显得有些尴尬。突然，了凡紧紧盯着男人说："你近来遇到麻烦了，你心中无数，犹疑不定。是不是啊?"

男人摇摇头，又点点头说："那，您看我应该如何处置？"

"人心向善，自有福报！"了凡不紧不慢地说："冥冥之中，皆有定数。施主若想早一点知道归途，那就摇一卦吧！"

"谢谢，我正想请大师给我算算。敢问卦钱多少？"

"施主随意！"了凡从身上取下一个小布袋，从里面掏出三枚古铜钱说："合在手心，在心中默默念叨自己想要了解的事。不要有任何杂念。心诚则灵！"

那男人就双目紧闭，双手合十，把古铜钱捂在手中，口中念念有词，然后把古铜钱撒在地上。他一共撒了六次，即所谓的六爻。了凡每次都盯着古铜钱的正反面及排列顺序，也就是卦象。当六次布完后，他闭目沉思了一会儿，才睁开眼睛说："你这是讼之困卦。天水讼，泽水困。从卦象上看，十数年来，你利用手中的权力，大肆敛财，必有牢狱之灾。"

那男人一愣，求道："大师真是神了，我的确感觉纪委已经盯上我了。大师一定要救我啊！"

了凡苦笑地摇摇头说："把你的不当得利都拿出来吧！"

"您是让我把这些钱主动交出来？那……那我不是自投罗网吗？啊，不！不！不！"

"只要把不该得的浮财散去，造福芸芸众生，就能消孽。佛祖讲，积阴德可以化解罪孽，为子孙造福。"

"嗯，我明白了。您是要我把这些钱悄悄捐出去，就能给自己争取到福报。"

了凡微微一笑，什么也不说。

男人环顾左右，自言自语："可我往哪儿捐呢？"忽然他看见屋内那个高大的"功德箱"，虽然屋内灯光不太亮，但仍然能看见玻璃箱里塞满了五十、一百元的钞票。男人醒悟了，说："大师，我捐多少合适呢？"

了凡不置可否，缓缓吐出几个字："一切随缘！"

这时，一个小沙弥闯进来，看到屋内有生人，欲言又止。了凡说："佛家心中无杂念，但说无妨！"

小沙弥低声说："我已经把前天那个国企老总捐助的两百万转给了慈善基金会，这样，就能有上千个孩子得救了。"

了凡点点头："阿弥陀佛！去吧！"

男人听着师徒二人的对话，精神一振地说："大师，我也要捐，多捐，多

第六章 艺文荟萃

干善事，求得福报。"

了凡似乎并不在意，好半天才说："嗯，你是想要……一会儿你去大殿，找我徒弟就是了。"

男人似乎找到了解脱的办法，心满意足，匆匆告辞。他走到大殿，向那个小沙弥索要了银行账号，在暮色中离开了瀛洲阁。

了凡在等着。半小时后，小沙弥气喘吁吁地跑回来，报告说："师傅，我一路悄悄跟到江边，那车的车牌虽然被遮挡住，但我还是看出来了，是省里的。如你所料，那些大老虎坐不住了，要寻求解脱了。"

了凡双手合十："阿弥陀佛！"

半月后，一个人烟稀少的雨天，那个捐款男人又来到瀛洲阁文昌祠，而且是不请自入地径直步入了凡的房间。他收起雨伞，席地坐在了凡对面，说："大师，我这次是想请您给我一个朋友算算。"

了凡一愣，随即说："阿弥陀佛！善哉善哉！"

男人说："我这个朋友失踪好几年了，生不见人死不见尸。"

了凡眉头一挑，不耐烦地努努嘴，示意他开口。

男人不紧不慢地说："大师一定认识，他叫朱达珂。"

了凡身子一震："我怎么会认识他！不过早年听说他也是个风云人物啊。"

"您帮我朋友算算，他现在在哪儿？"

了凡摸出古铜钱，死死地盯住中年男人抬手撒出的六爻，斟酌半天，吞吞吐吐地说："大约不久后就会有结果。"

男人摇摇头说："大师这卦可算得不准！"

了凡从来没有遇到过敢这么对他说话的人，他"呼"地从蒲团上站起，恼怒地说："你是来寻老僧开心吗？"

男人压低声音说："在下对六爻也略通一二，按刚才我丢这卦象看，那朱达珂不仅活得很滋润，他现在……"

了凡急了，伸手往前方一指说："来得正好！"就在男人回头张望的一瞬间，了凡身子"嗖"地跳上后墙旁的桌子，一脚踹开窗户，跳出去了。但他随即愣住了：三个警察持枪包围着他！

男人跟踪而至说："唉，怎么说走就走呀？"

了凡不由退缩几步，盯着男人问："你要干什么？"

男人拿出一张拘留证，让了凡看了看，不紧不慢地说："朱达珂，你被拘留了！"

137

了凡"呼"地瘫坐于地上。

男人笑着说:"朱达珂,我佩服你竟想出了这么一个逃脱法律制裁的办法。几年来让我们好找,甚至一直找到国外数个国家。想不到,你整了容,躲在这长江源头江心中的瀛洲阁当起了和尚。"

了凡,不,朱达珂知道抵赖已无济于事,但他不明白,警察是怎么找到这儿来的。

男人继续说:"你们这些贪官贪财的本性到什么时候都改不了。这几年,你觉得没事了,就打着给人算卦消灾的旗号,让其他贪官把巨款打入庙里,据为己有。我们是听说瀛洲阁的传奇故事才注意到你的。我故意将巨款打入你的账号,可你并没有捐出去。我们还注意到你那个小沙弥,他就是你过去的小车司机吧?"

朱达珂懊恼地长叹一声,感叹"天网恢恢疏而不漏"啊!

古老的瀛洲阁无形之中又增添了一段今古奇事……

第四节 民谣俗语

一、民 谣

江水滔滔落满桡,船中稳坐二贤老。
孔圣黎山把学教,大舜耕田坐龙朝。

船到江中水自开,王爷菩萨要钱财。
你要钱财拿给你,保佑船儿上滩来。

上河涨水下河浑,打鱼船儿往上撑。
恋手船头来张望,听到情哥哼一声。
打不到鱼儿早收网,舍不得情哥早回程。

上河涨水下河浑,打鱼船儿往下撑。
打到鲢鱼我不要,打到鲤鱼平半分。
大哥分到鱼鼻子,二哥分到鱼眼睛。
只有三哥心不狠,拿回家中用秤称。

上河涨水下河流，我去江边打石头。
问我打来干啥子，打来南溪修戏楼。
早来三天有戏看，迟到三天望戏楼。

河头涨水沙浪沙，河中鲤鱼摆尾巴。
心想鲤鱼来下酒，更想情妹来当家。

大河涨水沙浪沙，一条鲤鱼一只虾。
虾子想跟鲤鱼走，又怕鲤鱼不带它。
大河涨水沙浪沙，鱼儿和虾是一家。
只要虾子不嫌鱼，鱼儿一定要带它。

河里流水清又清，两岸麦苗绿茵茵。
一对情人河边坐，妹与哥哥在谈心。

哥哥放鸭唱山歌，阿妹划船旁边过。
心想喊哥船上坐，又怕河边人太多。

我和情哥隔条河，雾罩大来看不着。
待会雾罩散开了，睁大眼睛展劲睃。

浑水过河不知深，不知贤妹啥样心。
灯草用来两头点，最后才知一条心。

拐棍头上一枝花，爬坡上坎全靠它。
隔河渡水试深浅，亲生儿女不如它。

一条大河宽又宽，要想过河没有船。
要想哥妹常相会，隔山容易隔水难。

长江水儿慢慢消，为娘房中哭么么。
不是为娘不留你，你爹狠心把娘抛。

六月初一晴，鲤鱼上高坪。
六月初一雨，鲤鱼沉河底。

吃了烟来就唱烟，一股黄风吹上天。
玉皇闻到香烟味，嗯嗯啊啊晕半天。（瀛洲岛烟叶出名）

不愿无来无愿有，但愿长江化为酒。
将身卧在沙滩上，浪一浪来喝一口。

张打铁，李打铁，打把剪刀过河去。（去，方音"客"）
姐姐留我我不歇，我要回家学打铁。

太阳上山来，鱼儿上滩来。
还不加网打，鱼儿钻石岩。（岩，方音"挨"）

观音菩萨坐石岩，金珠玛瑙掉下来。
人人都说观音好，前世不修哪得来？（瀛洲岛对岸山腰有观音像）

脚蹬鹅石手爬沙，朝朝日日把船拉。
穿的衣服像刷把，吃的饭菜掺河沙。

哪里死在哪里埋，路旁土坎作灵牌。
炭灰堆上存尸骨，原是船工倒尘埃。

淘金日食升把米，酒肉两三斤，
夜间喂蚊虫，穿的是襟襟，
吃的生和冷，住的茅草棚，
弄到了才笑嘻嘻，背时不淘金。

铜鼓岩前到白沙，龙飞凤舞到天涯。
三条鱼儿人不吃，赛过西蜀第一家。

二、俗　　语

渔场起火——网燃（枉然）。
泥菩萨过河——自身难保。
姜太公钓鱼——愿者上钩。
船老板的儿——不搞艄，就搞桡。
鱼过千层网，网打过路鱼。
下河先定向，撒网先抓纲。
船上人不得力，岸上人挣断腰。
找钱好比针挑土，用钱如同水推沙。
长江后浪推前浪，前浪死在沙滩上。
春钓滩，夏钓潭，秋钓阴，冬钓阳。
船到码头车到站，各人回家各自散。
十年修得同船渡，百年修得共枕眠。
春钓雨雾夏钓早，秋钓黄昏冬钓草。
屋漏偏遭连夜雨，船迟又遇打头风。
今晚天上鲤鱼斑，明天晒得脚板翻。
顺风雨，逆风晴。（以长江为准）
近水知鱼性，近山识鸟音。
船小好掉头，个小好翻身。
随行就市，水涨船高。
常在河边走，哪有不湿鞋。
沙坝头写字，抹了就是。
任凭风浪起，稳坐钓鱼台。
水下小鱼多，大鱼不在窝。
鱼儿顶浪游，钓鱼迎浪口。
水深鱼难过，水浅鱼难活。
牛大三百斤，鱼大无秤称。
深水如高楼，层层有鱼游。
船载千斤，掌舵一人。
船头不遇，转舵相逢。
浑水摸鱼，趁热打铁。

艄翁练滩口，铁匠练大锤。
学如逆水行舟，不进则退。
无风不起浪，平地不行船。
洪峰河心高，泡沫漂浮滚河边。
下水找水径，上水绕道避滩险。
河湾之处有回流，泡花水下有暗礁。
爽沟竹筒绞绞水，行船过渡不平稳。
泡花股喷像沸锅，漩涡流水钻河底。
河床平坦碛坝宽，浅水碛埂易搁船。
肥田当不到瘦店子，好马跑不赢烂船船。
各人码头各人歪。（歪，四川方言，做主）
小河涨水大河满。
宰相肚里能撑船。
艄翁多了打烂船。
小泥鳅翻不起大浪子。

大事记

　　经千百年长江水流带来的泥沙冲积而成的瀛洲岛，逐渐露出江面，逐渐扩大成型，最迟在汉代（公元前 206—公元 220 年）开始有人类活动或定居于此。

　　南朝梁时（公元 502—557 年），朝廷在今南溪一带设南广县。隋仁寿初年（601—602 年）改为南溪县。瀛洲岛属之。

　　明中叶，南溪县人在瀛洲岛上修建瀛洲阁。

　　明崇祯十七年即清顺治元年（1644 年），逮甲申罹献贼乱，（南邑）赤子尽化青磷，城郭鞠为茂草。一二孑遗，远窜蛮方。邑荒废者十数年。徒为狐兔之场、虎狼之窟而已。

　　清康熙二十年（1681 年），王大骐任南溪知县，见南溪四野萧条、城郭倾废，立即招徕流离失所的百姓，恢复生产，修葺城垣，有"贤良"之称。他在任期内登城远眺南溪美景，写下"登城"一诗，有"西漾桂轮摇月夜，东浮瀛阁起晴烟"之诗句，对瀛洲阁美景赞赏有加。

　　清康熙二十五年（1686 年）《南溪县志》，记载南溪县八景名称，其中"镇澜夜月"即为瀛洲阁风景。

　　清雍正时，余自芳从福建迁川，定居南溪县（现九龙村余家坝，乾隆五十三年葬于九龙村纳沙窝），此为瀛洲岛最大姓氏余氏的南溪始祖。

　　清乾隆二十三年（1758 年）三月至二十四年（1759 年）八月，知县王凤临、王采珍率士民捐资重建瀛洲阁，阁高五层，建文昌祠三级，左右厢房各三楹，阁前建坊。

　　清乾隆三十六年（1771 年）任南溪知县的云南人罗道达在其《别拟仙源八景词——调寄鹧鸪天》中以"瀛洲竹雨"为题抒写瀛洲岛风景。

　　清乾隆五十三年（1788 年）大水，瀛洲阁被冲毁。

　　清乾隆五十五年（1790 年）起，翁霆霖任南溪知县长达七年，其间创作《南广杂咏》二十四首，其中第七首是"瀛洲有阁峙江心，近为披沙浚渐深。

小厂方船都逐尽，丁宁切莫再淘金。"诗尾自注："瀛洲阁为南邑要区，时有在此淘沙者，余力严禁。"

清嘉庆三年（1798年），余亮畤编撰的《余氏宗谱》刻印面世，共印26本，其中记载余自芳为余氏迁住南溪始祖（坟在南溪江北纳沙窝余家坝）。

清嘉庆十八年（1813年）完成刻印的《南溪县志》，首次在"南溪县舆地全图"中标明"瀛洲阁"名称及其位置。

清道光十七年（1837年），知县翁绍海重修瀛洲阁，高三层，上祠奎宿，额题"中流砥柱"四字。

清道光二十年（1840年）完成刻印的《南溪县志》，首次在正文前收录了"瀛洲阁图"，图中明确标注"瀛洲阁""文昌宫""于公庙"三个景点的名称及其位置关系。

清道、咸年间，居住于裴石镇骑马村的邱洪休携家眷搬迁至瀛洲岛，其后代居住至今，已传7代。

清光绪十年（1884年），知县雷尔卿复将瀛洲阁增高二层，特邀南溪著名书法家包弼臣撰文并书《南溪增修瀛洲阁记》。

清光绪三十一年（1905年）秋七月初九日，大水淹没半个县城，史称"乙巳大水"。洪水位为268.2米（海拔高程），沿江田禾被毁，房舍漂没，居民逃往高处。洪水涨到与瀛洲阁救生高台上口持平处。文昌祠因此毁坏。阁旁土为狂澜冲刷，陷为深坑，阁势渐斜。

民国六年（1917年）夏六月初四日，长江涨水，洪水位为264.6米，沿江两岸耕地民房淹没甚多。大水涨到与瀛洲阁救生高台上口只差三尺处。

民国八年（1919年）四月大风，瀛洲阁仆倒。

民国十八年（1929年）仲春月下旬，瀛洲阁砌石固基，瀛洲阁救生高台得到重建。

民国二十五年（1936年），宜宾人冯永年，由四川省政府发给采矿证，在瀛洲阁淘沙金。

民国二十八年（1939年）三月一日，四川省政府成立"四川省政府建设厅南溪金厂"，属省营金厂，厂长刘丹梧；并颁发简章一份，委状一纸，图记一颗（"四川省政府建设厅南溪金厂图记"），组织瀛洲阁淘金。

民国二十九年（1940年）春季，瀛洲阁南溪金厂被南溪匪首杨寿山率匪徒抢劫，被劫走沙金一百余两。匪人逃至留宾，曾与乡团交火。事后南溪县长也受到上级斥责。

民国二十九年（1940年）六月十三日，经济部采金局、四川省政府建设厅合办"南溪瀛洲阁采金厂"，派汤绰为金厂厂长、谢无忌为副厂长，并于同年七月一日启用"四川省南溪瀛洲阁金厂钤记"木质公章一枚。

民国二十九年（1940年）八月九日，四川省南溪瀛洲阁金厂发出关于拿获工犯胡海云及制卖干沙黄敬之送请罚办的公函。八月十一日，南溪县五金业工会发出关于声明银业工人黄敬之并无私售干沙嫌疑呈请察核示遵的呈文。八月十四日，南溪县政府颁发关于示禁县属各银楼及业银人等不得私制干沙出卖以假乱真破坏黄金市场一案的训令。十二月七日，四川南溪县司法处发出关于胡海云的刑事判决书（瀛洲阁金厂第一队工头胡海云因侵占汞金，被判处有期徒刑六个月，伪金一粒、干沙一包予以没收）。

民国三十一年（1942年）十月一日至二日，粮食部四川粮食储运局南溪县仓库，被谕派赴南溪中城镇公所，参加监视标卖"陪都民食供应处宜宾接运处于南溪瀛洲阁失吉之水湿霉米"，共计折合贰佰玖拾柒市石。

20世纪40年代，郭树清娶瀛洲岛女子邱德琼为妻，之后郭氏一族定居瀛洲岛。

1951—1952年，瀛洲岛邱万民主持全岛土改工作。

1966年8月30日至9月1日，南溪县普遭风雨袭击，县城大南门最高洪水位达266.06米，超出保证水位4.4米。县城四面环水成为孤岛，瀛洲岛全部被淹。

1975年7月18日，南溪县内13个公社遭受冰雹袭击，其中裴石公社的油房、麻柳大队受灾最为严重。瀛洲岛同时受灾。

1987年2月11日10时许，泸州航道部1214艇例行航道检查，返回到铜鼓滩时，因遇雾紧急停靠，操作失当，造成船艇翻沉，1人死亡，带来直接经济损失3.75万元。

1989年，南溪县志办为编纂《南溪县志》搜集素材，聘请江南乡人韩士德，专题调研瀛洲阁景点，写出约1万字的瀛洲阁资料。

1990年10月31日上午，"江安10号"轮从江安开往宜宾，驶进瀛洲岛航段南岸鲁班石处时，船长发现一小船从北岸瀛洲岛西江中推出，立即用高音喇叭呼叫小船不要推出，而轮船则未减速。裴石乡村民郭洪驾驶小船急于过河，被轮船余浪击沉，除1人获救外，郭朝芬、郭洪下落不明。

1991年5月1日，麻柳村4队赵某因在瀛洲岛个人收购沙金的过程中与人产生矛盾，晚上被人杀伤数刀，经救治幸存。此案至今未破。

1991年6月，南溪县旅游办、计委、城乡建设环保局、财政局联合考察瀛洲阁，建议逐步开发为县级旅游景点，列入县"八五规划"。

1991年8月10日，长江水位猛涨，长江南溪段出现中华人民共和国成立以来第二次特大洪水，洪峰最高水位达264.5米，长江洪水最大流量为48 200立方米/秒，裴石乡前进村、麻柳村、中坝村、临江村受灾严重。裴石乡组织紧张抢险，其中紧急转移瀛洲岛群众70多人，有28人因转移到瀛洲阁救生高台上而获救。

1992年4月，南溪县政府、财政局、城建局、计委、旅游办、防洪办负责人，陪同省地防洪办的同志，到瀛洲阁考察，原则上确定修建救生高台与旅游相结合的景点。

1992年3月至1995年4月，南溪县政府争取到省防洪办专项资金，总投资17.26万元，在瀛洲阁原方形平台迎水面外加了一个等高的半圆形石砌物，变方为圆，以利于分流上游来的洪水，平台面积增至313平方米；并在平台上重修二层楼阁，重上彩绘，面貌一新。此后数年，游客大增。

1993年2月18日10时20分，南溪县境内铜鼓滩发生沉船事故，船上3人落水，两人生还，1人下落不明，造成经济损失5.5万元。

1994年8月6日下午2时40分至3时，南溪县内部分地区遇暴风灾害，风力8级，风速达21米/秒，对山口河谷一带造成一定损失。瀛洲岛坝上的草房30间被吹坏，竹木150余根被吹断。

1995年10月27日，江津市羊石乡中坝村杨波同志（生于1970年2月3日），在铜鼓滩工程筑坝中牺牲。为此，长江航道重庆工程局二处在铜鼓滩留下一块长方形石刻，以资纪念。

1995年秋冬，南溪县水电局、国土局完成对瀛洲阁救生高台等防汛水利工程的占地划界确权发证工作。

1995年，瀛洲岛正式拉线通电，是全乡因环境特殊而最后通电的村民小组。以前重修瀛洲阁时均使用从北岸前进4队搭载的临时电。

1996年，江安县人到瀛洲岛租用沙滩地，首次试种西瓜成功。次年，瀛洲岛居民开始自己种植西瓜。

2007年，长江宜宾航道局为整治与升级长江上游航道，在瀛洲岛上端铜鼓滩附近江面筑起分水河堤数百米。

2010年7月23日，中央电视台7频道《乡土》栏目摄制组到南溪瀛洲岛采访、拍摄并制作"七夕"专题节目。8月16日，央视节目《乡土·小岛上的七夕》首播，主要介绍万里长江第一岛瀛洲岛的七夕风情：岛上渔家、青年们打泥巴仗、老人喝养身豆浆、吹古乐哈号。

2011年8月末，瀛洲岛小河边河岸因受长江洪水侵蚀出现垮塌，形成长400余米、宽80米、高10米的垮塌面，距离10千伏排架电杆不到10米，当时洪水位达255.5米。南溪区政府立即成立抢险救灾、后勤保障、监测报警、转移安置、督查督办5个工作组，预拨50万元用于抢险。同时，裴石乡制定人员转移预案，安排专人24小时轮流值班，加大对险情的监控力度。水务、交通、海事、航道、国土、公安、供电等部门立即开展联合执法，加大对违规占用河道堆放沙石行为的查处力度，并研究建立对沙石管理的长效机制。至2013年春，分期完成瀛洲岛防洪堤垮塌部分整治修复工程。

2014年5月，南溪区委、区政府组织开展了"中国万里长江第一滩"南溪龙舟公开赛。面对十二支实力强劲的队伍，以瀛洲岛居民为主力的裴石龙舟队取得了公开赛第一名。

2014年6月20日，中央电视台中文国际频道《远方的家·江河万里行》栏目组到南溪瀛洲岛进行采访拍摄，探索岛上的渔民生活和余姓家族文化。

2014年9月26日下午17：15—18：00，中央电视台中文国际频道（CCTV-4）《远方的家》栏目推出的《江河万里行》播出宜宾专集——第108集《万里长江第一城》，其中"南溪瀛洲岛"专题节目时长13分30秒。

2015年5月5日，"宜宾市南溪区瀛洲阁瓜果种植专业合作社"（简称"南溪瀛洲阁瓜果专合社"）成立大会在瀛洲岛余建明家召开。大会通过了章程，选举余建明为理事长、邱小平为执行监事。专合社成员27名，入股资金1.56万元。

2015年6月3日，南溪区工商行政管理局为"宜宾市南溪区瀛洲阁瓜果种植专业合作社"正式颁发营业执照。专合社地址：裴石乡麻柳村1组26号，法人代表：余建明。

2015年7月3日，南溪电视台首播互动行走节目《欢乐南溪行——瀛洲阁》。

2015年9月30日，国家工商行政管理总局商标局正式发文：已受理宜宾市南溪区瀛洲阁瓜果种植专业合作社关于"瀛洲阁"商标的注册申请。

2016年8月28日，国家工商行政管理总局商标局正式向宜宾市南溪区瀛洲阁瓜果种植专业合作社颁发"瀛洲阁"商标注册证，有效期至2026年8月27日。

2016年4月17日至20日，2016"北大培文宜宾国际学校杯"四川·南溪中国汽车场地越野锦标赛，在宜宾市南溪区瀛洲岛对面沙滩隆重举行，本次比赛共吸引了来自全国各地22支车队的68辆赛车参赛。中央电视台第五频道对本次决赛盛况进行了直播。

2016年11月，南溪瀛洲阁瓜果专合社法人代表余建明，经培训考核，获得农业部农产品质量安全中心颁发的"全国无公害农产品内检员证书"，证书有效期：2016年11月至2019年11月。

2017年2月24日，由四川省社科院历史所牵头的"巴蜀家风传承示范基地"课题组一行二人，到瀛洲岛调查家风资源和古迹。

2017年3月1日，农业部农产品质量安全中心为南溪瀛洲阁瓜果专合社颁发无公害农产品证书，准予该社在西瓜产品或产品包装标识上使用无公害农产品标识。有效期限：2017.03.01—2020.02.29。证书编号：WGH－17－05384。

2017年3月24日，四川省住房和城乡建设厅等7部门联合印发《关于公布第三批四川省传统村落名录的通知》（川建村镇发〔2017〕207号），其中南溪区大观镇云丰村、南溪区江南镇自由村、南溪区马家乡和平村、南溪区裴石镇麻柳村，入选第三批四川省传统村落名录。通知要求按照《关于贯彻〈住房城乡建设部 文化部 国家文物局 财政部关于切实加强中国传统村落保护的指导意见〉的通知》（川建村镇发〔2014〕277号）的精神，切实做好传统村落保护发展工作。

2017年4月14日至17日，2017"丽雅杯"四川·南溪中国汽车场地越野锦标赛，在宜宾市南溪区瀛洲岛对面沙滩隆重举行。本次比赛有30个车队参赛。中央电视台第五频道对本次决赛盛况进行了直播。在4月14日发车仪式之后，30个参赛车队组成一字长龙，跨越卵石纵横、高低不平的河滩，环绕瀛洲岛一圈开行。来自全国各地的100余名车手初步体验了万里长江第一岛的迷人风光。

2017年9月25日，南溪区委宣传部牵头邀请的中央电视台和四川电视台专业团队，拍摄南溪城市旅游形象宣传片《仙源南溪 翡翠江城》摄制组，到瀛洲岛拍摄江岛风光和渔民生活。

2017年10月11日，南溪区裴石镇人民政府与四川省社科院历史所、巴蜀家风研究中心签订共同编纂《瀛洲阁志》的协议。

2017年10月17日，四川省社科院历史所苏东来一行，到瀛洲岛进行历史文化调研。

2017年11月21日，四川省政协常委、建川博物馆馆长樊建川先生到南溪瀛洲岛调查旅游资源，之后着手筹划瀛洲岛风景区及其竹编博物馆。

2018年4月12日，《瀛洲阁志》初稿完成，进入审核修改、图片整理阶段。

2018年4月21日至23日，2018"五粮液杯"四川·南溪中国汽车场地越野锦标赛在长江之滨的瀛洲阁赛场举行。本年是南溪承办该赛事的第四个年头，本届比赛新增水泥路面的漂移弯和断崖飞车台，对参赛选手的综合素质要求更高，多车过弯漂移也是本届场地越野赛的一个全新观赏亮点。来自全国各地30支车队的近100辆车参赛，阵容里面几乎囊括近十年的冠军车手。央视体育频道CCTV5于23日下午14:50—16:20对决赛进行了直播。

附 录

裴石麻柳村一社（瀛洲岛）历届社队班子简表

姓 名	性别	出生年月	健在/已故	任 职 情 况
邱万民	女	1896.12	已故	1950—1953年任村党代表、村土改组领导兼主持一队工作
余树清	男	1924.9	已故	1953年年底至1966年年底任互助组组长
余治成	男	1935.6	已故	1954—1966年年底任互助组副组长、伙食团长
谢全亨	女	1925.8	已故	1953—1966年任妇女队长
余明成	男	1948.6	健在	1967—1973年任队长
余明海	男	1938.9	已故	1967—1970年任副队长
郭树华	女	1923.12	已故	1967—1973年任妇女队长
余治成	男	1935.6	已故	1967—1973年任会计
郭益成	男	1944.7	健在	1971—1977年任副队长兼会计
余治成	男	1935.6	已故	1974—1986年任队长
余明文	男	1955.1	健在	1978—1982年任副队长
余明成	男	1948.6	健在	1987—1992年任队长
余加云	男	1964	已故	1993—1995年任队长
余加和	男	1965.10	健在	1996—1998年10月任队长
邱吉成	男	1955.8	已故	1998年10月至2004年任队长
余加银	男	1963.8	健在	2005—2010年任队长
余建明	男	1970.1	健在	2011年至今任队长

从麻柳村一社（瀛洲岛）走出的人物简表

姓　名	性别	出生年月	参军、就读、就业简况
余明海	男	1938.9	参军到中国人民解放军云南通讯部队（思茅区）
余伯成	男	1943.11	参军到河北保定，曾任裴石乡政府办公室主任、民政干事
郭益成	男	1944.7	参军到中国人民解放军云南7625部队85分队
余万成	男	1955.8	参军到中国人民解放军第二炮兵部队汽车连
邱小平	男	1960.2	参军到四川公安消防总队重庆分队，任村主任、支书
余加和	男	1965.10	参军到广州军区87071部队66分队，任村主任
余　新	男	1991.6	参军到成都特警部队
余加能	男	1992.10	参军到西藏军区
余加鑫	男	1993.7	参军到中国人民解放军新疆69338部队57分队
邱艳丽	女	1981.6	宜宾电大中专班
邱春芝	女	1984.7	四川农业大学
余双江	男	1984.4	中央电大法学系，创办盛景大酒楼、九龙KTV
余　倩	女	1989.8	西华师范大学
余慧楠	女	1991.6	成都理工大学
邱　宇	女	1994.10	重庆房地产职业学院
余　济	女	1995.6	云南大学旅游文化学院
余婷婷	女	1997.4	黑龙江农业工程职业学院

瀛洲阁防洪救生高台工程回忆

唐明德

  这是我作为县防洪办主任、当年工程经手人20多年后的回忆。

  该工程建于距南溪县城长江下游4.18千米处，一个地势低平的江心洲坝上。洲坝地形东低西高，南北窄而东西长，海拔为253.65~261.18米（黄海）。洲坝在长江枯水期与长江北岸相连，形成一个半岛。每年汛期到来，洪水上涨，与长江北岸相连的内河"穿浩"，洲坝则变成一个孤岛。洲坝行政隶属裴石乡麻柳村一社，20世纪90年代初住有村民21户85人。

  瀛洲阁防洪救生工程是一个集防洪救生、旅游景观为一体的综合性工程，该阁位于洲坝上游首部，坐东向西，重建于1992年3月至1995年4月。工程主体为钢筋混凝土结构、歇山式屋顶仿古建筑，其中救生高台为条石砌挡墙结构，高度为4.8米。工程总建筑面积达422.50平方米，其中第一层救生高台建筑面积达313.36平方米，二楼仿古建筑面积达109.30平方米。工程总投资达17.26万元，其中救生高台为7.6569万元。工程可抗御100年一遇的大洪水。

  该工程的重修，源于一场长江特大洪水的袭击。1991年8月10日，长江上游发生了20年一遇的大洪水，洪水位高达264.50米，瀛洲岛村民全部被困，坝上没有其他的临时避险防洪救生设施，情况万分紧急。8月9日下午，南溪县委、县政府领导亲率有关部门负责人、公安武警、民兵应急分队，乘"南溪1号"客舱开赴瀛洲岛救人。洪灾后，南溪县领导及时拍板：在洲坝上建救生高台。麻柳村负责人、县防汛办积极响应，多次去宜宾地区、省防洪办汇报，1992年3月争取到救生高台项目资金5万元，县防洪配套资金2万元。围绕建设方案，裴石乡、村专门邀请南溪县水电、城建、旅游部门负责人到瀛洲阁现场考察。瀛洲阁素有南溪古八景之一——"镇澜夜月"的美称。大家一致认为，以重建防洪救生高台工程为契机，把高台修成一个集防洪救生、旅游休闲为一体的综合性工程，吸引广大本土人士和外地游客到坝上来休闲，将其开辟为一处旅游胜地。所以，以后的修建，就按此方案成功组织实施。

瀛洲阁文化简况

胡 林

瀛洲岛——仙源古岛，洲砥中流，独扼于江心，有"万里长江第一岛"美名，与上海崇明岛首尾相望。瀛洲阁始建于明代，多次重修。每当站在南溪东门城楼眺望瀛洲，风烟如画，苦笋、楠木两岸飘香。因此，东门又名望瀛门。

一、名人文化

（1）刘光第：清光绪四年（1878年）春，刘光第19岁，正值风华，首次离开家乡富顺，经南溪而上宜宾，应科举之路。其《春日南溪道中·戊寅》诗云："人家竹树锁芳洲，睥睨登高望客舟。"

（2）包弼臣：南溪晚清书法家，被慈禧太后封为"字妖"。清同治年间，应南溪知县雷尔卿三次之邀，作雄文《重修瀛洲阁序》。

（3）杨慎：明代四川唯一的状元。被贬谪云南，往返成都时两次在南溪县流连，在这里与"刘门四进士"中的刘景寅、刘景宇兄弟唱和、话别。

（4）黄炎培：抗战时期，视察宜宾、南溪，在这里留下了众人传诵的诗篇。

二、风俗传闻

（1）每逢长江汛期，瀛洲岛如汪洋中之一船。岛上土人之婚配历来有不娶陈姓姑娘的传统。因陈与沉同音，故土人忌讳，以图吉祥。

（2）瀛洲之南江流湍急，有铜鼓险滩，过往船家无不小心翼翼。每发生江难，古人往往认为是河神在兴风作浪。元、明之际，县人在南岸修建双塔，以镇河神，同时培植文风。自此之后，船家深得平安之福，而南溪县科举人才辈出。

（3）古时每逢春季，瀛洲阁便成为达官贵人游玩之处。官方在这里办"春台"会。

三、政事

瀛洲北之江心，历来盛产沙金。清代、民国均在南溪成立了采金机构，加强管理。

2014年6月19日

南溪采金的部分情况

包君甫

一、南溪采金处

民国二十八年（1939年）上季，国民政府经济部在各地设置采金处，沿金岷两江至长江上游一带淘采沙金，由采金处统一收购。南溪的采金处设在正街温家房子内，挂的牌子是"经济部采金局南溪区采金处"。当时处长刘文贞（雷波人），是留学比利时后回国的。处长下设主任一人，即陈竹石（湖北人），会计李煦堂（湖北人），管印赵仲燕（成都人），出纳杨应萱（处长女婿），监工员十余人（就是监视淘金工人的），雇员二人，化炼员二人，矿警八名，共约三十人。淘金方式就是发动当地人工大量淘采，沙金只能由采金处按牌价收购。

民国三十年（1941年），因南溪的产量不高，采金处部分迁往乐山，住在月儿塘，当时处内的人事大量增加，总工程师、工程师、副工程师、事务员等，又增加了二十多人。总工程师史青（是处长留学比利时期间的同学），建议在乐山的永镇场开矿采金。刘文贞听其吹嘘，花了8万多元，买了一部安拜式钻探机。结果，机器运回国内，工程师无法安装，后来成为废铁，只好在永镇场的小河边，仍用土法淘采。

民国三十二年（1943年），经济部以南溪区采金处亏折了一百万元，予以停办。在下半年，所有人员发给一月工资，作为遣散费，采金处从此垮台。

二、瀛洲阁金厂

民国二十八年（1939年）下季，四川省建设厅科长刘丹梧，因南溪瀛洲岛一带沙金含量丰富，从省府前来南溪，成立"南溪瀛洲阁金厂"，厂址同采金处不在一起，分开办公。厂长杨裕如（梓潼人），事务、出纳、监工等有十多人，每天有一架船子的产量，大约一钱毛金。当时地方人士曾起来阻止，理由是如果沙金淘去，沙坝不牢，河水会冲刷沃野平原。但刘丹梧不顾地方建议，以政府压力来进行淘采，地方人士莫奈其何。

南溪的地痞恶霸杨寿山，暗中寻找机会，指使爪牙勾结土匪，在民国二十九年（1940年）上季的一个晚上，突然袭击金厂，将沙金抢走，据说抢了一二百两（真实数字弄不清楚）。杨寿山并唆使一些人制造舆论，布谣说如果将沙金淘去，顺江而下的几个中坝就要喂鳖鱼了。不久后，金厂即行撤销。

1980年10月8日

南溪三次淘金概况

廖宾儒

南溪沙金厂被劫事件，曾在文史资料第二辑刊载过。南溪淘金概况，现就我所知简述于下：

第一次淘沙金是在1936年农历十月，负责人冯永年（宜宾人），由省上发给采矿证来瀛洲岛淘沙金，有船子三十余架，五十余人。当时地方人士反对，还到南溪县府请愿，尤以前清解元曾继光反对最力，理由是瀛洲岛为南溪风水，如果淘去沙金，日久此地就会淹没，南溪便失去屏障。当时由于县长未置可否，激起大家在大堂上哄闹一番。事后他又在县属龙川庙开工，当地人也起来反对，原在那里的农业试验场也同样反对，群众把沙金船子和家具全部打烂，淘金便无法进行，淘金者只好搬走。

第二次淘金在1939年春，这次是省政府来办，负责人刘丹梧，随行的有工程师钟玉清，监工四人，淘金船子三百余架。另外过来的民工，船子自带，每架船子一天工资三元二角包干，每架船子三至四人，县府还派有一个分队武装保卫。估计每天产沙金一百两左右，再经锻炼可有五成赤金，原来因此地产量不少，时有窃淘现象。在这次淘金活动中还遭遇了土匪抢劫。在1940年春季的一天晚上，由匪首杨黑寿头率领匪徒数十人，将金厂负责人捆起，迫其交出的赤金有一百两，还把尚未淘洗的沙金盆一百多个抢走，约可得金子二十余两。匪人向留宾方向逃走，观音阁区署立即打电话通知阻击，至留宾曾与乡团接触，还开了火，后来匪徒便把淘金盆子抛弃而去。金厂负责人即乘机谎报被劫沙金数字，浑水摸鱼，事后县长也受到斥责。

第三次淘金在1940年。当时的县长是尹克任，采金负责人姓尚，工程师为汤绰，约有沙金船子几十个，每船三人，全是临时雇用，来做工的随带船子，每天工资同样是三元二角包干，地点仍在瀛洲岛。这次淘金原计划是1

年，但因后来河水渐涨，不到半年即停。

1982 年 5 月 15 日

我所知道的土法淘金

李国亨（口述）

南溪沿河都有沙金。唯东门金鸭儿的沙金，打得到淘不到，因为那里的沙金是"游金"，不上船子，所以无法淘取沙金。瀛洲岛一线，金的蕴藏量较丰富，中华人民共和国成立前不准私人淘采，有的农民把河沙弄回家淘洗，有的便收买偷来的沙，一背筐沙可淘得一分金子。中华人民共和国成立后每年农闲时也有人去淘。过去淘一天，一个船子可产金一钱，经过多次采掘，现在大不如前了，只有大南门到石洞门一带的含金量丰富，但这里自来都不许人采淘，因为一淘就会影响县城一带的安全。此外，在石城墙一带、中坝上学堂码头等处，产金成色较好，但癞巴石多，不好淘。除此就只有瀛洲岛坝上的大凼内，沉积的沙金不少。此地受江水影响，经常沉浸在泥水之中，如能排水便可淘得沙金。西街上王爷庙地段，一架船子每天可淘二至三分。瀛洲岛和麻柳湾一带，因多次淘采，现在产量不高了。从耗子岩沿团鱼包到春颠灏一线，原来产量较好，经过几次淘洗，现在含金也不多了。

淘金的方法：

第一步是检验沙里的含金量。金子是混合在各种沙里的。沙，又分为鹅宝沙、黄沙、白沙三种。鹅宝沙也叫大麻沙；黄沙即地坎沙沙，又称草皮沙或千层沙；白沙即鹅宝里夹的沙。淘洗时先用小乌木盆（长约一尺，宽约六七寸）装着沙在水里淘，沙被浪走后，留下金质在金沙里，可以看到点点金粒，颜色是红的，因金质沉重，不会随水流去，金粘贴在木头上，要冲洗才得脱，成色不好的"跑皮金"，就随水浪走了。如果贴在盆上多的，金子就多。

第二步就是正式采淘。淘沙金是用特制的船子，用杉木、逢春、柏木制作均可。船长七尺余，宽四尺多，船子内刻上一道道的槽子。槽约一分深，三分宽，平底，其作用是聚积金沙。另外用柏木做一水斗（约七寸见方，深约四寸）。在每架船子工作的有四至五人，一人摇船子，一人冲水，其余的人上沙和挖沙，不摇了，用水将沙冲在沙盆里。这个沙盆宽一尺五至两尺，长三尺左右，像船尾形，可用乌木、麻柳或夜合树来做。每天灌洗两次，待沉淀后，倾尽浑水，即取乌沙，一架船子团得一拳大的乌沙，金子就在乌沙里。

第三步是从乌沙内取金。用水银和在乌沙里，每船约可得四五分，就可用绿豆大的水银，用手在乌沙里均匀地搓和，到一定程度时金子就团成一颗小珠子。没有团到和贴在沙盆上的，再用团好的小金球去粘，粘完为止。水银多了，金子就会跟着水银散成细粒，不能成一大颗，金会散失。水银少了，就不能全部聚集起来，一般在开始少放点，看到沙内的白色点子还多没有团拢，可以再放一点。大概每一船可得五六分水货，烧干后能得八成。烧时用灼热的木炭火，把团拢的金球放在上面，再用口吹气，烧成后就变成黄色的金粒，这种金粒表面粗糙，其成色亦不高。收购部门再将金粒用油火吹炼，才得到表面光滑、成色较好的金子。淘金收益好坏要靠"盆匠"。一个盆匠可掌握十多个船子。

金子存在于流水地带，静水里没有。淘过金的地方，经洪水淹没，冲来的泥沙也可再淘，但含金量不高。瀛洲岛一带淘过几次。1940年那次我就参加过。国民党经济部南溪采金处组织淘采过，刘丹梧也组织人来搞过。这次规模相当大，有三百多架船子，一千多人参加。从这年下半年冬天起，到次年发洪水时止，淘了半年多。当时每架船子五人，每个人一天半升米伙食，工资两升米，折合当时法币三元多钱，这次淘采时人多，像挖战壕一样，挖得很深，全厂每天可得沙金二斤左右。

南溪县淘金概况

郭赞绪（遗稿）

一、淘金历史概况

南溪县是金沙江与岷江汇合后流经的第一个县，自县属挂弓山下的瞌睡坝、志城乡的三江碛，到桂溪乡的牛巷口、裴石乡的瀛洲岛，均有淘金的历史记录。上游的金沙江和岷江沿岸的金矿，经洪水冲刷，散金夹杂于河沙中随水下流，沉淀在河沙与卵石中，一般土法淘金，采用木制摇船。中华人民共和国成立前，南溪近代曾三次淘金，如省府建设厅科长刘丹梧，曾来搞过淘金，大批雇用工人，用几百架船子，在东门外武侯祠设办事机构，进行火炼沙金，收购"官金"。中华人民共和国成立初期，在武侯祠前还留下一块刻上采金规定条文的石碑，碑上还规定，保障淘金工人安全生产。人们回忆，在当时拉壮丁都不敢抓淘金工人。中华人民共和国成立前的淘金，时办时停，其产量更无资料可考。

二、中华人民共和国成立后的淘金情况

农民是淘金的主力军。在农业合作化时期，受集体生产制所限，社员不准随意出外淘金，自由淘金者要作为搞资本主义受到批判，这就使淘金事业不易发展起来。每年只有一二架船子，由生产队长带领着去干。有的年度，沙金产量还是空白的。

工业局曾经勘探县境内沿河的沙金资源，花了本钱制作摇船，支援无工具的村组，并摸索淘金生产体制，做了艰苦细致的工作。那几年农业银行还派了一位干部到主管局去常年抓生产，这样就出现了淘金事业的新局面，逐渐地由两三架摇船发展到三十九架，其产量按年度分列如下（注：指1976—1981年，简表在这里略去）。

这六年南溪县沙金产量，在宜宾地区工业局统计表上名列第二。当时宜宾地区所属十七个县市，南溪县仅次于合江县。这是中华人民共和国成立后第一次政府号召淘金，农民淘金得到允许，属合法事业，交售黄金不难了。从省冶金局、地区工业局两级黄金公司，南溪县委、县府、计委、财贸部等大力支持，工业局与农业银行配合抓生产，同时银行负责收购，其他物资部门也配合较好，这是主要方面。

南溪县搞了适合当时情况的经济措施：农民每交售沙金一两，除金价二百六十二元五角外，财贸部决定，根据省通知坚持按规定奖售化肥一百斤、布票五市尺、贸易粮一百斤。这项粮食统发为大米，减少农民在淘沙金时还要磨麦子或苞谷的麻烦。当时南溪县还决定，另外奖售白酒五斤，后又改为白酒十五斤和猪肉十五斤，并连同金价付款时便代付沙金的奖金十五元，同时对布票、粮食、化肥、白酒、猪肉等的供给也减少了审批手续。银行收购黄金的时间不受限制，随到随收，星期天和下班后也不例外。银行在淘金旺季还到产金地三江碛的对岸李庄镇设收购点。这些做法深得农民的欢迎。银行还在验金技术上给农民进行讲解，使其掌握技术。同时农民可以自己过秤，鉴定成色时也让农民看，并取消交售沙金要证明等手续，因而农民很满意。南溪县的做法，曾在省黄金会上列为四川少见的先进方法加以推广。

三、淘金的兴衰

南溪河床有金可淘，并打破了中华人民共和国成立后轮船太多、水浪大、沙金待不住的说法。但是究竟南溪县境内有多少产量？应该采取哪种体制才能适应生产发展呢？众说纷纭。如曾有人秘密向南溪县委报告说："志城乡三江碛沿岸有沙金几十吨"，求得了省冶金局小型淘金机械化配备，贷款十四万元，社队企业局另外补助机械开采的五千元还不算在内。后来实践证明，每个劳动日的淘金只值七角四分，被省里发觉，派人来现场责令停产，最后由中央冶金部归还贷款了结。

由于有的人始终坚持集体淘金，这样，农民在寒冬暑夏的情况下淘金所挣得的收入，一个劳动日只得三五角钱，个别产量高的也有超过六角的，但凡超过了六角钱的就归集体所有，谁也不敢单干，怕被当作资本主义来批判。1978年集体生产的产量是八十一两八钱，是中华人民共和国成立以来南溪县的最高产量，但当时的补助费也归生产队和大队与公社的集体所有，辛勤的农民并无多大实惠。登高乡的农民张玉良说："淘金只进工分，有时连工分钱都不够！"

个体劳动，可以由四五人结合，自负盈亏，但是谁也不敢改变集体生产制，怕担风险。现实的情况是，再搞集体生产，很不适应生产发展的需要。银行接触过一些淘金的人，总有怨气，随即打破了省里的规定，不凭证明，见货就收，并逐步改变了生产体制，提高了农民的积极性。1981年产量为八十五两一钱三分，每两奖金15元，一共付出了1 200元，农民也得到实惠，因而农民外出到宜宾市县、犍为、屏山等地淘金，都拿回南溪交售，使我们南溪银行的收购量增加。但因当时的金价每两只能卖到262.5元，1个月一支摇船搞到一两都不容易。在那年高潮期间只出现过两次，也只有两个船子，只占到当时三十九支中的两支。这都是幸运的事。一支船子四五人平均分配，每人收入不到60元，即按现在1两700元计，月产一两，四五人平均每人才140元，且高产并非常年常月的事。农民又怕"邀毛子"（注①），而且还要付出高额的地租。一个船子有的要收几元钱一天的地坝费，有的是收几百元的包干费。还有块地在河床中央的，包干地坝费高到2 000元。有的淘金点离河岸庄稼地两三百公尺，既无保坎也无防护堤的，就不准淘金，淘金者的淘金摇船会被打烂。沙金产量的多寡，与打盆试探选点的技术高与不高和一个摇船队伍的人团不团结很有关系。付出高昂的地坝费，收获如何却决无定数，所以民间淘金也确实苦。正如中华人民共和国成立前的一首民歌所述："淘金日食升把米，酒肉两三斤，夜间喂蚊虫，穿的是襟襟，吃的生和冷，住的茅草棚，弄到了才笑嘻嘻，背时不淘金。"如桂溪乡第五保（今机耕村）一个农民，淘金一月，体重减轻了十四斤，他便不再淘金了。所以旧社会的淘金业，总是发展不起来。

宜宾地区黄金会议在泸县召开，不仅没有追查个体淘金，而且还肯定南溪县淘金搞得好，个体淘金没有错。这时才有人说："我胆子大了。不怕犯错误了。"不久前，中央农业部、冶金部和总行联合文件指示，淘金应以个体生产方式为主，过去把社员个人的淘金当作资本主义来批判是错误的。淘金应该有一定的奖励待遇，而今金价每两提为900元，四五人平分，每人有180~225元，每人的年产值可达2 000多元，并非暴发户，党的政策允许部分农民先富起来，凭劳动凭技术挣钱，正是应该鼓励的。

另外，还要有一个稳定性的鼓励政策。原来南溪县在发展淘金事业初期，沙金国内价格比香港市场金价要低两倍。当时据登高乡自由村的一个老农民反映："过去淘金，斗米'分金'，石米'钱金'，十石米'两金'。现在工分钱都不够了！"从那次交金后，他就下马不淘金了。这说明当时金价的不合适。按照老农民的说法，十石米一两黄金，以十斤米的牌价1.38元计算，一两黄金应值690元，按上米1斤0.142元计算，应为710元；如按议价米计，可值900元1两（另付发展基金每两18元），这样在多次研究之后，最后在今年才提高了金价，每两900元，接近于香港市场的国际黄金价格了。

四、淘金的经验教训

这几年在淘金事业的开展中，主要有以下一些经验教训：

实践证明，南溪沿江河岸确实有金可淘，但因系沙金不是矿山金，只能采取社员个人生产的方式，在未经科学勘探查明大面积资源的情况下，不宜搞机械化生产。同时南溪境内洪水冲积区沙金待得住的地方，从历年情况看来还是志城乡的三江碛、桂溪乡的牛巷口、裴石乡的瀛洲岛，也就是零星分散的资源，采用个体生产方式，自负盈亏，多劳多得，比搞集体生产好得多。

南溪县连续六年淘金产量总和都是320.5两，平均产量50.4两。在总产量中，还有志城乡农民到屏山去搞集体化生产所产的10两，以及在个体劳动以后外出淘金，因有经济优惠条件才拿回来交售的44.9两。由此看来，实际年产量只有40.9两。而今志城乡已划到（县级）宜宾市，原来全县共有淘金船子39架，现在南溪县只剩8架船子，即志城乡原是30架，余下的只有江南乡红林村1架，桂溪乡机耕村1架，裴石乡前进村3架，登高乡3架。在农村经济体制改革后，外出找钱（注②）的人多了，淘金的人少了，故仍有人说："背时不淘金，做生意比淘金稳当些。"

在前六年的连续淘金中，只淘了几成皮面金，深挖的少，开厢开行的少。为什么呢？因为投资大，收效少，搞得不好就白干。登高乡自由村的农民有两架船子在野猫溪淘金，因金价900元1两，感到很高兴。

总的是，淘金事业今后将继续上马，稳步前进，为国家多产黄金，多挣外汇，有利于"四化"建设。

【附注】①"邀毛子"是指淘金收获少时，只搞到毫毛金子，甚至白干。②指出外做工、经商，挣钱致富。

1986年元月7日

中国十大历史文化名楼

2007年10月25日，在中国文物古迹学会历史文化名楼保护专业委员会召开的年会上，确认产生了"中国十大历史文化名楼"。

楼阁文化

中国历史悠久，文化底蕴深厚。古往今来，历朝历代，上至皇帝诸侯，下至州府官员，都喜欢于风景名胜、江边河岸处修建楼阁。或用来歌功颂德、宣扬政绩；或镇妖伏魔、保一方安宁；或瞭望守备，抵御外敌。总之作用无外乎纪念、宗教、军事、旅游等。所以自古留下了许多著名的楼阁，现如今已成为中华文化的瑰宝。2006年，历史文化名楼保护专业委员会经国家民政部批准正式成立。历史文化名楼保护专业委员会的主要工作任务是保护"名楼"这一历史文化遗产，扩大各大名楼的影响力。2007年10月25日，在中国文物古迹学会历史文化名楼保护专业委员会召开的年会上，确认产生了"中国十大历史文化名楼"，入选的名楼是：湖北武昌黄鹤楼、湖南岳阳楼、江西南昌滕王阁、云南昆明大观楼、山东蓬莱阁、山西永济鹳雀楼、湖南长沙天心阁、江苏南京阅江楼、陕西西安钟鼓楼、浙江宁波天一阁。

中国古代多在江岸、海堤等临水之地建楼，人们可以登高怀古，极目远眺。达官显贵、文人骚客聚于楼上，或宴请宾客，举杯畅饮，高谈阔论；或吟诗作对，诗文辞赋，高山流水；或歌太平盛世，或忧天下疾苦，低吟浅唱，令人神往魂牵。所以中国历代名楼多有脍炙人口的诗文名篇被千古传诵，正是由于这些广为流传的名篇才使得名楼享誉四海。其中最有名的是范仲淹的《岳阳楼记》、王勃的《滕王阁序》、崔颢的《黄鹤楼》、王之涣的《登鹳雀楼》，都是"文以楼出，楼因文显"的范例。

黄鹤楼

唐代诗人崔颢的一首七律使得黄鹤楼名声大噪，享誉海外，从此黄鹤楼成为中国名楼中名气最大的楼阁。黄鹤楼位于武汉市蛇山的黄鹄矶头，面对鹦鹉洲，相传始建于三国时期，历代屡毁屡建。现楼为1981年重建，楼址仍在蛇山头。黄鹤楼一共有五层。高50.4米，相当于16层楼房，攒尖顶，层层飞檐，四望如一。在主楼周围还建有胜象宝塔、碑廊、山门等建筑。整个建筑具有独特的民族风格。

黄鹤楼景区荣誉：国家AAAAA级景区、中国历史文化名楼、国家级重点风景名胜区、江南三大名楼之一（其他两大名楼分别是湖南的岳阳楼、江西的滕王阁）、国家旅游胜地四十佳。

文学名篇：唐代崔颢《黄鹤楼》，唐代李白《与史郎中钦听黄鹤楼上吹笛》《黄鹤楼送孟浩然之广陵》，唐代阎伯理《黄鹤楼记》，毛泽东《菩萨蛮·登黄鹤楼》，等等。

岳阳楼

"先天下之忧而忧，后天下之乐而乐"。范仲淹这句被后来的中国士人奉为立世格言的名句，也使得岳阳楼闻名于天下。岳阳楼耸立在湖南省岳阳市西门城头、紧靠洞庭湖畔，自古有"洞庭天下水，岳阳天下楼"之誉，是江南三大名楼之一。岳阳楼始建于公元220年前后，其前身相传为三国时期东吴大将鲁肃的"阅军楼"；西晋、南北朝时称"巴陵城楼"；中唐李白赋诗之后，始称"岳阳楼"。此时的巴陵城已改为岳阳城，巴陵城楼也随之被称为"岳阳楼"。千百年来，无数文人墨客在此登览胜境，凭栏抒怀，并记之于文，咏之于诗，形之于画；工艺美术家亦多以岳阳楼为题材刻画洞庭景物。这使岳阳楼成为艺术创作中被反复描摹、久写不衰的一个主题。现在的岳阳楼为1984年重修，沿袭了清朝光绪六年（1880年）重建时的形制。岳阳楼地面海拔为54.3米。景区内陆地东西长约130米，南北长约300米，陆地投影总面积3.9万平方米。

文学名篇：北宋范仲淹《岳阳楼记》，唐代孟浩然《望洞庭湖赠张丞相》，唐代杜甫《登岳阳楼》，唐代李白《与夏十二登岳阳楼》，唐代崔珏《岳阳楼晚望》，唐代刘长卿《岳阳楼》，南宋陈与义《登岳阳楼》，等等。

滕王阁

滕王阁位于江西省南昌市西北部沿江路赣江东岸。登阁纵览，春风秋月尽收眼底；近可见仿古商业街迂回曲折，错落有致，西侧赣江、抚江浩浩汇流；远处长天万里，西山横翠，南浦飞云，长桥卧波，令人心旷神怡。滕王阁始建于唐永徽四年（653年），为唐高祖李渊之子李元婴任洪州都督时所创建。因李元婴曾被封为滕王，故该阁被冠名"滕王阁"。

今天的滕王阁为宋式建筑，于1989年建成。滕王阁主体建筑净高57.5米，建筑面积达13 000平方米。

历史名篇：唐代王勃《滕王阁序》，唐代张九龄《登豫章郡南楼》《登城楼望西山作》，唐代杜牧《滕王阁》，唐代白居易《钟陵饯送》，唐代张乔《滕王阁秋望宋》，宋代王安石《滕王阁》，宋代苏轼《登滕王阁》，宋代辛弃疾《贺新郎·赋滕王阁》，宋代文天祥《滕王阁》，等等。

鹳雀楼

若论自古吟咏楼阁的著名诗文，除却名扬天下的《岳阳楼记》《滕王阁序》《黄鹤楼》，便是唐代大诗人王之涣的《登鹳雀楼》了。"白日依山尽，黄河入海流。欲穷千里目，更上一层楼。"堪称千古绝唱，流传于海内外。

因诗扬名的鹳雀楼位于山西省永济市蒲州古城西面的黄河东岸，共六层，前对中条山，下临黄河，是唐代河中府著名的风景胜地。相传当年时常有鹳雀栖于其上，所以得名。该楼始建于北周（557—580年），毁于元初。如今的鹳雀楼为1997年重建，高度为73.9米。

历史名篇：唐代王之涣《登鹳雀楼》、唐代李益《同崔邠登鹳雀楼》、唐代畅当《登鹳雀楼》，等等。

蓬莱阁

"八仙过海"、海外三仙山、秦始皇求长生不老药,这些流传甚广的传说无不与蓬莱息息相关。自古相传蓬莱是仙山,而山上的蓬莱阁则是神仙居住的地方,所以蓬莱阁又称"蓬莱仙境"。

蓬莱阁在蓬莱市区西北的丹崖山上,1982 年与水城同被国务院公布为全国重点文物保护单位。蓬莱阁面积达 32 800 平方米。由三清殿、吕祖殿等几组不同的祠庙殿堂、阁楼、亭坊组成的建筑群,统称为蓬莱阁。蓬莱阁的主体建筑建于宋朝嘉祐六年(1061 年),坐落于丹崖极顶。阁楼高 15 米,坐北面南,系双层木结构建筑,阁上四周环以明廊,可供游人登临远眺,是观赏"海市蜃楼"奇异景观的最佳处所。蓬莱阁是国家重点风景名胜区,全国重点文物保护单位,全国首批 AAAAA 级旅游区。

阅江楼

为楼阁写记的文人墨客有很多,可是皇帝却极少。明太祖朱元璋就曾亲动御笔为南京的阅江楼写下了《阅江楼记》。不仅如此,他还下令所有大臣都要写并进行评比。大学士宋濂所写文章被评为最佳,最后还入选了《古文观止》。

君臣同为一楼写记,真是古今少有,堪称一时佳话。但这座楼却一直没有建成,是有名的"有记无楼"。明太祖朱元璋称帝后,下诏在狮子山顶建造阅江楼,但终因种种原因未建成。直到 2001 年,阅江楼终于建成并对外开放,从此结束了"有记无楼"的历史。南京阅江楼高五十二米,共七层,总建筑面积达 5 000 多平方米。碧瓦朱楹、飞檐峭壁、朱帘凤飞、彤扉彩盈,阅江楼具有鲜明的明代风格,古典的皇家气派。

历史名篇:明代朱元璋《阅江楼记》《又阅江楼记》,明代宋濂《阅江楼记》。

天心阁

天心阁是长沙的古城标志,系乾隆十一年(1746 年)由抚军杨锡被主持兴建。阁名来自《尚书》"咸有一德,克享天心"之句。

阁楼总建筑面积达 864 平方米,垣高 17.5 米,地势海拔 60 余米,修建时为全城最高处。中华人民共和国成立后长沙市政府将其列为文物保护单位。今天的阁体乃 1983 年重建,仿木结构,栗瓦飞檐,朱梁画栋,主副三阁,间以长廊。整个阁体呈弧状分布。主阁由60根木柱支撑,上有32个高啄鳌头,32只凤马铜铃,10条吻龙。阁前后石栏杆上雕有62头石狮,还有车、马、龙、梅、竹、芙蓉等石雕,体现了长沙楚汉名城的风貌。

天一阁

中国最早的私人藏书楼是哪座名楼?估计知者甚少,那就是天一阁。天一阁位于浙江宁波市区,是中国现存最早的私家藏书楼,也是亚洲现有最古老的图书馆和世界最早的三大家族图书馆之一。天一阁占地面积为2.6万平方米,建于明朝中期,由当时退隐的兵部右侍郎范钦主持建造。

天一阁之名,取义于汉郑玄《易经注》中"天一生水"之说。因为火是藏书楼最大的祸患,而"天一生水",可以以水克火,所以取名"天一阁"。书阁是硬山顶重楼式,面阔、进深各有六间,前后有长廊相互沟通。楼前有"天一池",引水入池,蓄水以防火。1982年3月被国务院公布为全国重点文物保护单位,2003年被评为国家AAAA级旅游景点,2007年又被公布为全国重点古籍保护单位。天一阁是一个以藏书文化为核心,集藏书研究、保护、管理、陈列、社会教育、旅游观光于一体的专题性博物馆。天一阁现藏古籍达30余万卷,其中,珍椠善本8万余卷,除此之外,还收藏大量的字画、碑帖以及精美的地方工艺品。天一阁博物馆宣传语是:风雨天一阁,藏尽天下书!

昆明大观楼

大观楼位于昆明市区西南2千米的滇池岸边的大观公园内,距市中心约6千米,与西山森林公园隔水向望。大观公园有近华浦和大观楼、楼外楼、花圃和柏园等游览区。

园内花木繁茂,假山、亭阁、小桥、流水,景色极为优美。是国家AAAA级旅游景区、云南省重点文物保护单位。大观楼始建于康熙二十九年(1690年)。民国初年,大观楼被辟为公园,唐继尧曾拨款修葺;园中最具观赏价值的大观楼临水而建,楼高三层,始建于康熙年间,因其面临滇池,远望西山,尽揽湖光山色而得名。大观楼题匾楹联佳作颇多,最著名的当属由清代名士孙髯翁所作的180字长联,号称"古今第一长联",垂挂于大观楼临水一面的门柱两侧。

西安钟鼓楼

西安钟楼位于古都西安的正中心,是中国现存钟楼中形制最大、保存最完整的一座，始建于明洪武十七年（1384年）。其原址在今西大街广济街口，明万历十年（1582年）移于现址，成为一座缩毂东西、呼应南北的中心建筑。昔日楼上悬一口大钟曰"景云钟"，用于报警报时，故名"钟楼"。

1956年8月6日，陕西省人民委员会公布钟楼为省级文物保护单位。1996年11月20日，西安钟楼被国务院公布为全国重点文物保护单位。

钟楼整体以砖木结构为主，从下至上依次有基座、楼体及宝顶三部分组成。楼体为木质结构，深、广各三间，系"重檐三滴水""四角攒顶"建筑形式。自地面至宝顶通高36米，面积为1 377.64平方米。基座为正方形，高8.6米，基座四面正中各有高宽均为6米的券形门洞，与东南西北四条大街相通。楼分两层，每层四角均有明柱回廊、彩枋细窗及雕花门扇，尤其是各层均饰有斗拱、藻井、木刻、彩绘等古典优美的图案，是一座具有浓郁汉民族特色的宏伟建筑，也是我国现在能看到的规模最大、保存最完整的钟楼。屋檐四角飞翘，如鸟展翅，由各种中国古典动物走兽图案组成的兽吻在琉璃瓦屋面的衬托下，给人以形式古朴、风格典雅、色彩华丽、层次分明之美感。高处的宝顶在阳光下熠熠闪光，使这座古建筑更散发出金碧辉煌的独特魅力。

西安鼓楼也位于古都西安市中心，在明城墙内东西南北四条大街交汇处的西安钟楼西北方约200米处。鼓楼建于明太祖朱元璋洪武十三年（1380年），是中国古代遗留下来的众多鼓楼中形制最大、保存最完整的。

西安鼓楼建在方型基座之上，为砖木结构，顶部为重檐形式，总高36米，占地面积达1 377平方米，内有楼梯可盘旋而上。在檐上覆盖有深绿色琉璃瓦，楼内贴金彩绘，画栋雕梁，顶部有鎏金宝顶，是西安的标志性建筑。

在鼓楼第三檐下，南北各悬匾额一块，南匾为"文武盛地"，北匾为"声闻于天"。"文武盛地"最初是重修鼓楼竣工后，陕西巡抚都御史赵可怀于明万历十八年（1580年）所题。北匾"声闻于天"则相传是咸宁县"名儒"李允宽所书。两匾长8米，宽3.6米，为蓝底金字木匾。

1956年8月6日，陕西省人民委员会公布鼓楼为省级重点文物保护单位。1996年11月20日，国务院公布鼓楼为全国重点文物保护单位。

西安鼓楼是中国现存明代建筑中仅次于故宫太和殿、长陵棱恩殿的一座大体量的古代建筑，且在中国同类建筑中年代最久、保存最完好，在历史价值、艺术价值和科学性方面都属于同类建筑之冠。

（转自百度百科）

参考文献

[1] 列御寇. 汤问[M]//列御寇. 列子. 北京：中华书局，2007.

[2] 司马迁. 史记卷二十八：封禅书[M]//司马迁. 史记. 北京：中华书局，2013.

[3] 乐史. 太平寰宇记[M]. 北京：中华书局，2008.

[4] 王存. 元丰九域志[M]. 北京：中华书局，1984.

[5] 刘大谟，杨慎. 四川总志[M]. 北京：丛书文献出版社，2000.

[6] 虞怀忠. 四川总志[M]. 北京：丛书文献出版社，2001.

[7] 王大骐. 南溪县志[M]//中国社会科学院图书馆. 稀见中国地方志汇刊. 北京：中国书店出版社，1992.

[8] 韩国琳. 南溪县志[M]. 胡之富，修//四川历代方志集成：第三辑. 北京：国家图书馆出版社，2016.

[9] 呈麟. 南溪县新志[M]//四川历代方志集成：第三辑. 北京：国家图书馆出版社，2016.

[10] 胡元翔，唐毓彤. 南溪县志[M]. 福伦，修//四川历代方志集成：第三辑. 北京：国家图书馆出版社，2016.

[11] 钟朝煦. 南溪县志[M]. 李凌霄，等修//四川历代方志集成：第三辑. 北京：国家图书馆出版社，2016.

[12] 南溪县志编纂委员会. 南溪县志[M]. 成都：四川人民出版社，1992.

[13] 《南溪县志》编纂委员会. 南溪县志：1986—2000[M]. 北京：方志出版社，2013.

[14] 孙亮畴. 余氏族谱[Z]. 出版者不详，1798（嘉庆三年）.

[15] 余氏生庚簿[Z]. 手抄本. 1989.

[16] 南溪区邱氏家族族谱编修委员会. 南溪邱氏族谱[Z]. 邱氏家族族谱编修委员会，2012.

[17] 罗应涛. 诗游僰国[M]. 成都：四川大学出版社，2006.

[18] 罗应涛. 历代名人咏南溪[M]. 北京：中国文联出版社，2014.

[19] 凌受勋. 金沙江·马湖江 [M]. 成都：成都科技大学出版社，1995.

[20] 宜宾历史文化名城建设领导小组，宜宾市文化局. 历代名人咏宜宾 [Z]. 宜宾历史文化名城建设领导小组，1987.

[21] 王荫泽. 中国民间文学集成：南溪县卷 [Z]. 出版者不详，1988.

[22] 钱正杰. 中国民间文学三套集成：四川宜宾地区卷：民间歌谣谚语分册 [Z]. 出版者不详，1989.

[23] 毛克强. 南溪历史文化丛书 [M]. 北京：中国文联出版社，2014.

[24] 南溪区裴石镇人民政府. 裴石镇志 [M]. 宜宾：南溪区裴石镇人民政府，2016.

[25] 郭瑶琴，杨景龙. 李白三峡诗编年与李白出蜀季节考 [J]. 殷都学刊，2000（2）：62-64.

[26] 南溪县政协文史资料委员会. 南溪政协文史资料选辑：第13辑 [Z]. 宜宾：南溪县政协文史资料委员会，1985.

[27] 南溪县政协文史资料委员会. 南溪政协文史资料选辑：第16辑 [Z]. 宜宾：南溪县政协文史资料委员会，1987.

[28] 南溪县政协文史资料委员会. 南溪政协文史资料选辑：第17辑 [Z]. 宜宾：南溪县政协文史资料委员会，1988.

[29] 南溪县政协文史资料委员会. 南溪政协文史资料选辑：第19辑 [Z]. 宜宾：南溪县政协文史资料委员会，1989.

[30] 南溪县政协文史资料委员会. 南溪政协文史资料选辑：第22辑 [Z]. 宜宾：南溪县政协文史资料委员会，1992.

[31] 南溪区裴石镇家风文化调研课题组. 裴石镇家风文化资源调研报告 [R]. 成都：四川省社会科学院，2017.

后记

在中国数千年的传统文化氛围中,名楼,历来就与名人、名诗、名文、名城相互辉映、相得益彰。历史上著名的亭台楼阁,既是自然景观与人文景观的高度融合,又是现实政治与时代审美的巧妙结晶。由于时代、水灾、火灾、虫害、战乱、人祸等原因,它们在悠长的时空隧道中往往饱经沧桑,屡毁屡建,如滕王阁历史上曾先后重建达29次之多,但这并不妨碍滕王阁在历代民众心目中的崇高地位。

"不要问我为何漂泊异乡,有水的地方是家的方向;不要问我到过多少地方,沿着河走就是走在故乡。"中央电视台国际频道系列节目《江河万里行》的主题曲《江河恋》,将中华民族人水相依的情怀唱了出来,醉了游子心灵。2014年该节目摄制组也曾走进川南瀛洲阁。长江万里,滔滔向前,其干流之中名叫"瀛洲"的江中岛屿不止一个,沿岸的亭台楼阁也不计其数,但自明代迄今一直名叫"瀛洲阁"的,确乎只有一个,那就是位于四川宜宾南溪的瀛洲阁。这一是由其独一无二的地理优势所赐(而不是建筑规模、建筑艺术等),二是由其深厚、连绵的人文底蕴所赐(此阁建于明中叶,康熙初载于志,历经六次兴废,历代诗文不绝,享誉巴蜀,如今品牌日隆)。

"东风已绿瀛洲草,紫殿红楼觉春好。"2017年3月24日,四川省住房和城乡建设厅等7部门联合印发通知,南溪区裴石镇麻柳村入选第三批四川省传统村落名录。在国家实施"长江经济带""乡村振兴战略"的新时代,为贯彻"绿色共享""全域旅游"的发展理念,充分挖掘整理麻柳村瀛洲阁的历史文化资源及其内涵,南溪区裴石镇人民政府联合四川省社科院历史研究所、巴蜀家风研究中心,于2017年10月启动《瀛洲阁志》编纂工作。

本志编纂工作的大体分工情况:凡例、导言、建置沿革、自然地理、姓氏人口、瀛洲家族、村落风情及全书统稿工作,由苏东来负责;其余文稿及全书图片、全书校对,由黄川模负责。

本志图片,除明确署名的外,多数由黄川模拍摄,少量转自档案、网络、媒体或者摄影爱好者,因联系不畅,不便署名,敬请谅解。

在本志搜集素材和具体编纂过程中，我们得到了南溪区领导、裴石镇领导，南溪区档案局、区旅游发展局、区志办、区文广局，麻柳村村社领导及瀛洲岛居民的关心支持和热情帮助，更邀请到四川大学历史文化学院教授李映发老先生在百忙中为本志作序。在本志面世之际，特向相关领导、专家、部门、热心居民致以诚挚的谢意！

尽管我们在编著过程中八方搜求、殚精竭虑，但因视野和水平所限，再加上时间仓促，差错与失误在所难免，恳请读者批评指正，使其臻于完善。

作 者

2018 年 4 月 24 日